MINECRAFT 我的世界
小巧的建筑 2

童趣出版有限公司编译　人民邮电出版社出版
北　京

图书在版编目（CIP）数据

我的世界. 小巧的建筑. 2 / 瑞典魔赞公司著；童趣出版有限公司编译；丁卓祥译. -- 北京：人民邮电出版社，2023.9
　　ISBN 978-7-115-62073-6

Ⅰ. ①我… Ⅱ. ①瑞… ②童… ③丁… Ⅲ. ①智力游戏－少儿读物 Ⅳ. ①G898.2

中国国家版本馆CIP数据核字(2023)第117471号

著作权合同登记号 图字：01-2023-1377

本书中文简体字版由哈珀柯林斯出版有限公司授权童趣出版有限公司，人民邮电出版社出版发行。未经出版者书面许可，对本书的任何部分不得以任何方式或任何手段复制和传播。本书只限于中华人民共和国境内（香港、澳门、台湾地区除外）销售，任何在上述地区以外对本书的销售行为，均构成对权利人的权利侵犯行为，应承担相应法律责任。

Original English language edition first published in 2022 under the title MINECRAFT AMAZING BITE -SIZE BUILDS by HarperCollins Publishers Limited, 1 London Bridge Street, London SE1 9GF, United Kingdom and 103 Westerhill Road, Bishopbriggs, Glasgow G64 2QT United Kingdom.
Copyright © 2022 Mojang AB. All Rights Reserved. Minecraft, the Minecraft logo and the Mojang Studios logo are the trademarks of the Microsoft group of companies.
language translation © 2022 Mojang AB.
All information and stats are based on Minecraft: Bedrock Edition.

译　　　　　：丁卓祥	责任编辑：史苗苗
责任印制：李晓敏	封面设计：穆　易

排版制作：北京胜杰文化发展有限公司

编　　译：童趣出版有限公司
出　　版：人民邮电出版社
地　　址：北京市丰台区成寿寺路 11 号邮电出版大厦（100164）
网　　址：www.childrenfun.com.cn

读者热线：010-81054177
经销电话：010-81054120

印　　刷：北京宝隆世纪印刷有限公司
开　　本：889×1194　1/32
印　　张：3
字　　数：80 千字
版　　次：2023 年 9 月第 1 版　2024 年 8 月第 2 次印刷
书　　号：ISBN 978-7-115-62073-6
定　　价：38.00 元

版权所有，侵权必究。如发现质量问题，请直接联系读者服务部：010-81054177。

序言

欢迎来到《我的世界 小巧的建筑2》！本书收录了20种有趣的小型建筑供你在《我的世界》中建造。从海上拖船到悬空小屋，建筑种类应有尽有，甚至还有一个演唱会舞台！在本书中，任何人都能找到适合自己的建筑！

在玩《我的世界》时，你总是有更多东西需要学习，但是不要担心！这本书里有详细的分解图和步骤说明，可以指导你从头到尾完成搭建。随着搭建的进行，完成每个作品都可以让你学到新的技巧。这些建筑的体积从小到大，搭建过程从简单到复杂。你可以尝试反复练习，发现更多的窍门。

这本书收录了不少有创意的建筑，而且我们也鼓励你拥有更多创意。如果你觉得用不同种类的方块，或者微调一下结构，会让你的设计看起来更好，也可以遵从你的直觉，把这些建筑建成自己独有的样式。很快，你就会向朋友们展示你不可思议的搭建天赋。

目录

通用建造技巧 …………………………… 1
独角兽雕塑 …………………………… 4
山腰之家 ……………………………… 6
海上拖船 ……………………………… 10
街边咖啡厅 …………………………… 14
蜜蜂庇护所 …………………………… 18
钓鱼小屋 ……………………………… 20
基岩列车 ……………………………… 24
彩虹马舍 ……………………………… 32
市场小摊 ……………………………… 36
熔岩赛道 ……………………………… 38
陈列厅 ………………………………… 44
悬空小屋 ……………………………… 48
行商雪橇 ……………………………… 54
太空火箭 ……………………………… 56
丛林神殿 ……………………………… 60
超级滑梯 ……………………………… 64
演唱会舞台 …………………………… 66
灯塔 …………………………………… 72
咯咯鸡舍 ……………………………… 78
北欧长屋 ……………………………… 82
组合挑战 ……………………………… 88
结束语 ………………………………… 90

通用建造技巧

　　这本书里的搭建教程对新玩家和老玩家同样适用。无论你是第一次玩《我的世界》的新玩家,还是经验丰富的老玩家,书中的一些通用建造技巧都可以帮助你完成建造,让你充分享受游戏的乐趣。

创造模式

我们需要在创造模式中搭建这些建筑。创造模式是《我的世界》中最便于建造的模式。在游戏中,你可以无限制地使用所有方块,也可以随意移除它们。如果你喜欢挑战,则可以选择生存模式,在这个模式中也能建造建筑,但是你需要花费更多的时间做准备。

建造准备

开始建造之前,你需要花点时间看看说明,考虑一下你想把建筑搭在哪里,完成建造需要多大的空间。一定要给自己留出足够大的空间来建造。

临时方块

你可以使用临时方块测距，放置浮空的方块。使用临时方块还可以帮你解决很难处理的方块放置问题。

用不同颜色的方块测量尺寸。这行方块有13个方块长：5个绿色方块+5个黄色方块+3个绿色方块。

使用临时方块有助于放置浮空的方块。

快捷栏

大多数建筑会用到很多不同的方块。你可以把方块放到快捷栏，这样就能快速选取。如果没有足够的空间，你最多可以在"已保存的快捷栏"窗口保存9个快捷栏序列。

方块放置

在可交互方块旁边放置一个方块是需要耐心和技巧的。比如，在附魔台旁边，如果点击鼠标把方块放下，你反而会和可交互方块互动。所以，你需要先潜行，然后再点击放置方块，这样才能避免与可交互方块互动。

独角兽雕塑

用建筑重现自己最爱的幻想生物是一件很有趣的事情。那我们就从这个传说中拥有魔力,还会带来好运的独角兽开始吧!在马舍附近建起这座显眼的雕塑,能告诉大家你停放坐骑的地方在哪里。

难度:
★☆☆☆☆
⏲ 10 分钟

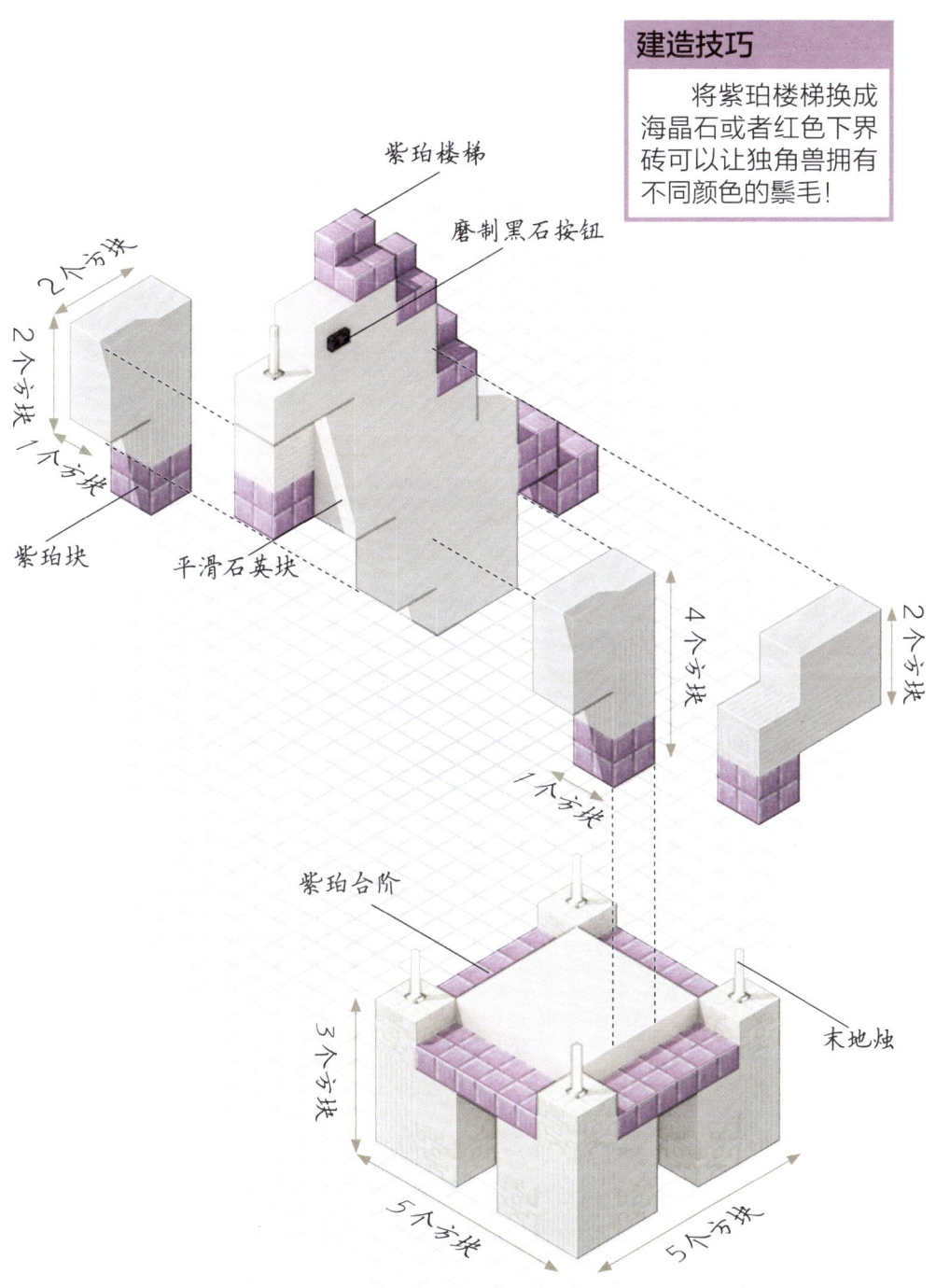

建造技巧

将紫珀楼梯换成海晶石或者红色下界砖可以让独角兽拥有不同颜色的鬃毛！

山腰之家

如果身处一片地势起伏很大、森林密布的生物群系，找到一个建造家园的平地可能会十分困难。为什么不直接在山坡上建造呢？只要挖出一块空间，然后开始建造就行了！这座山腰处的小屋可以轻松嵌入各种地形结构，非常适合那些难以清除环境障碍的生物群系。

难度：
★★☆☆☆
⏱ 30 分钟

1

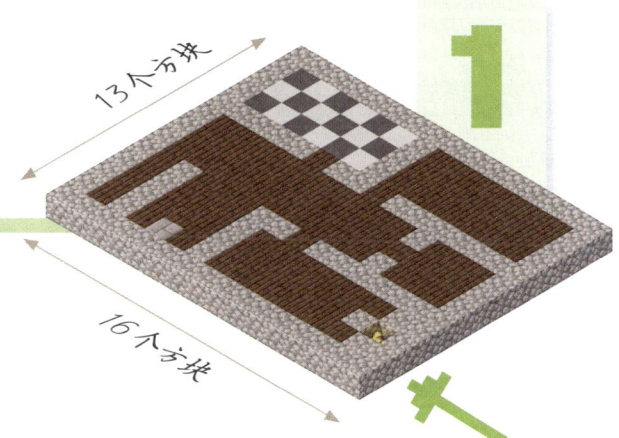

找到附近的一处山坡并挖出一个洞穴。然后按图中的方式使用圆石、深色橡木木板、石砖、营火以及灰色和白色混凝土建造地基。

将营火摆放在空的壁炉位置上。

2

依照圆石的轮廓开始建造墙壁。需要用到石头、石砖、云杉木板、泥土和绿色混凝土。

3

向上建造墙壁，为门窗留出空间，然后用玻璃板和一扇深色橡木门进行填充。

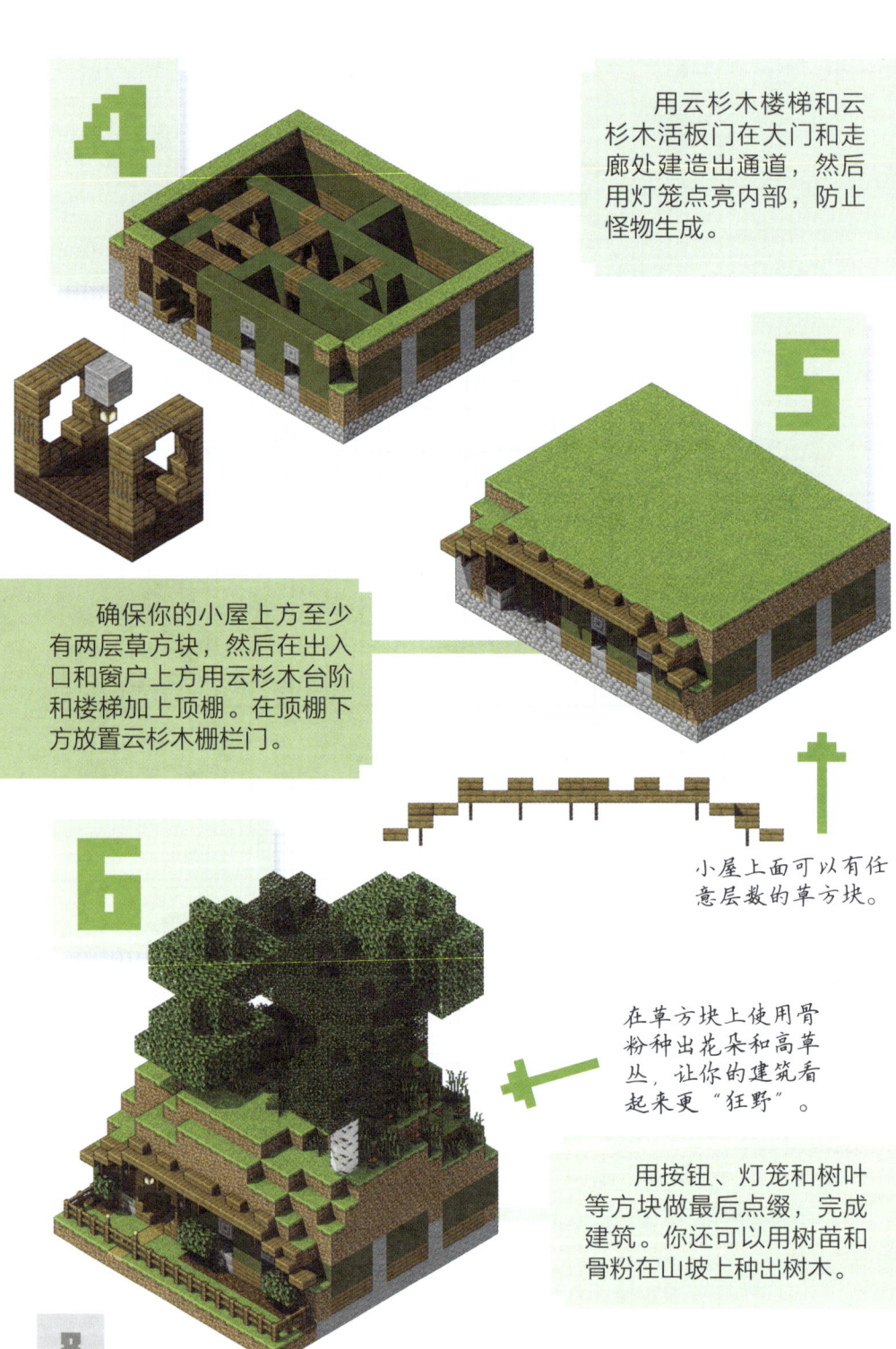

4 用云杉木楼梯和云杉木活板门在大门和走廊处建造出通道,然后用灯笼点亮内部,防止怪物生成。

5 确保你的小屋上方至少有两层草方块,然后在出入口和窗户上方用云杉木台阶和楼梯加上顶棚。在顶棚下方放置云杉木栅栏门。

小屋上面可以有任意层数的草方块。

6 在草方块上使用骨粉种出花朵和高草丛,让你的建筑看起来更"狂野"。

用按钮、灯笼和树叶等方块做最后点缀,完成建筑。你还可以用树苗和骨粉在山坡上种出树木。

内部装饰

现在该装点小屋内部了!这个建筑的设计很有家的感觉——有厨房、卧室和客厅。别忘了照亮屋内的小角落,防止怪物生成!

通过平面图可以看到屋内的布置。

厨房里有熔炉和烟熏炉,可以用来烹饪你喜欢的食物。用活板门建造出置物架,然后用炼药锅作为水源。

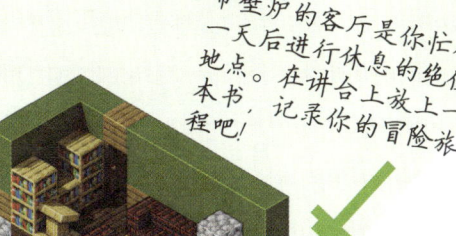

用两张单人床做出一张双人床,或者把床分开摆成单人床,和你的好朋友合住。

木桶和箱子可以提供大量存储空间。木桶可以纵向叠在一起,高效利用空间。

带壁炉的客厅是你忙碌一天后进行休息的绝佳地点。在讲台上放上一本书,记录你的冒险旅程吧!

海上拖船

喂,水手们,准备好进行海上探险了吗?不管你是想沿着海岸航行还是想获取宝藏,有一艘拖船是很重要的。它不仅可以让你在上面稍作休息,还可以存放你刚找到的宝藏。

难度:
★☆☆☆☆
⏱ 20 分钟

1

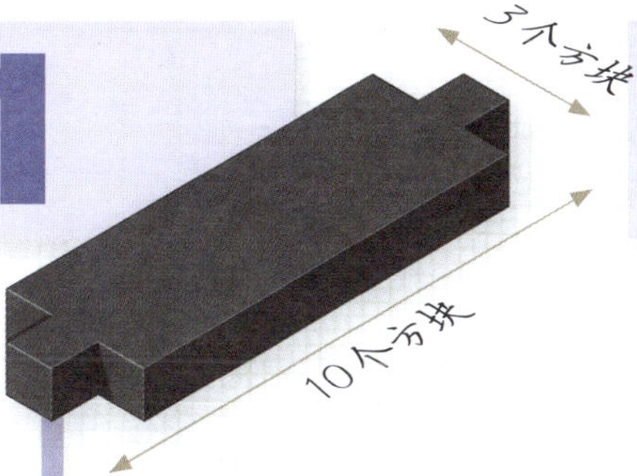

3个方块
10个方块

在水下2格的地方，用灰色混凝土建出拖船的底部。

2

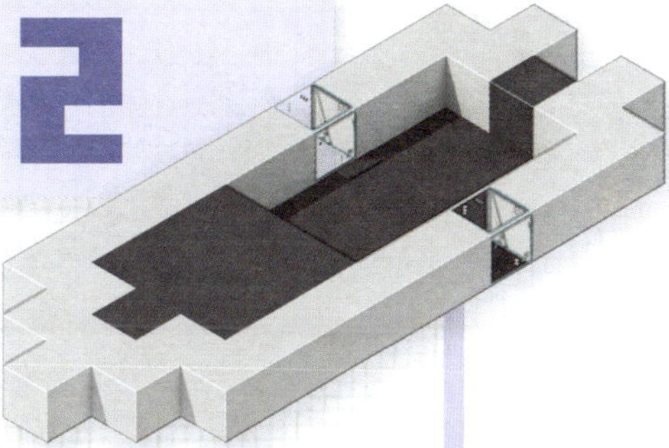

参考图示，用灰色混凝土、白色混凝土和玻璃方块在底部上方搭建一层船身。

3

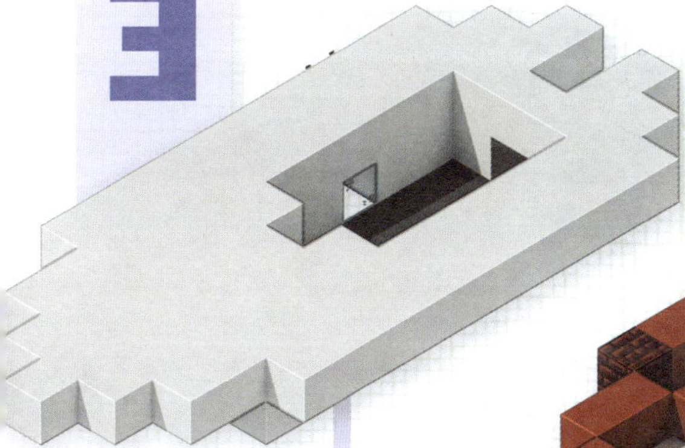

用白色混凝土建出第三层船身。

4

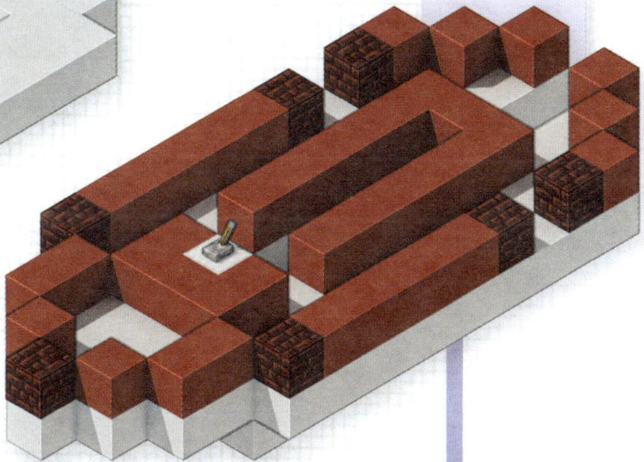

用红色混凝土、红色下界砖建出第四层船身。然后，在拖船内部放上铁块和拉杆，制作出操纵杆。

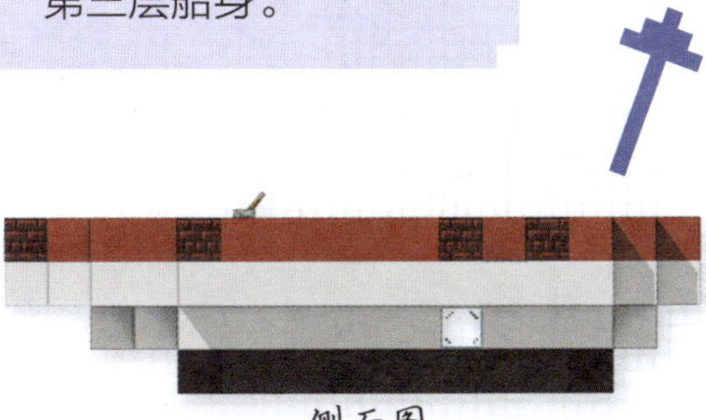

侧面图

11

5

接下来开始建造船舱的外壁。参考图示，在内圈的方块上摆上一层蓝色染色玻璃和红色混凝土。

在舱门内外放上按钮。

6

用红色混凝土和红色下界砖封上船舱，注意留出空隙。接着在船舱前方放上两块荧石，安装好4扇铁门和门边的4个石头按钮。

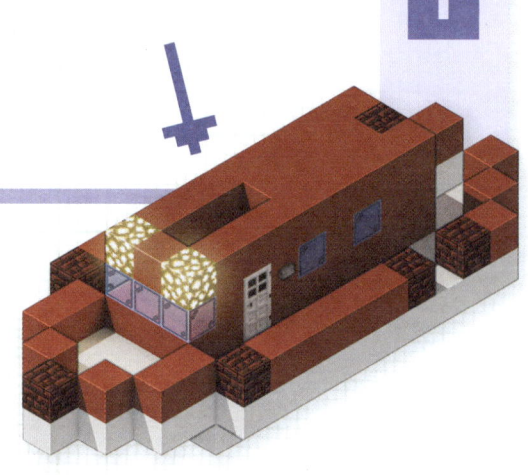

7

用红色下界砖台阶、红色混凝土和红色下界砖楼梯完成船舱顶部的建造。

8

在拖船后方用灰色混凝土和白色混凝土建造两根烟囱。然后在拖船前方放置两扇铁活板门。

9

在每块荧石上分别放置两扇橡木活板门，然后在拖船后方用铁块和平滑石英楼梯做出桨轮。

10

将做好的桨轮安装在拖船后方。然后，在拖船两侧放上用于出入的梯子。最后，在船舱前方摆上3块红色下界砖楼梯。

内部装饰

为你的拖船装上冒险的必需品。放上用于度过黑夜的床、用来存放附魔水下装备的箱子，还有可以为你不断提供熟食的熔炉。

更专业的玩家还可以带上一个酿造台，用于制作水下呼吸药水和夜视药水。

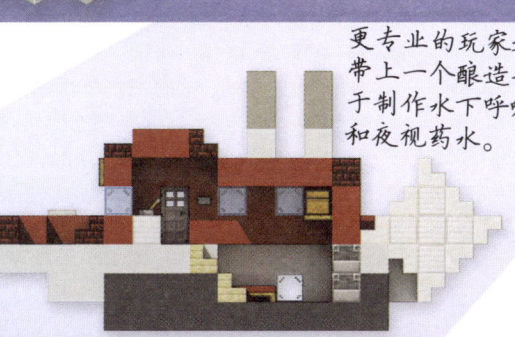

街边咖啡厅

挖了一天矿,来一杯咖啡怎么样?叫上你的朋友来街边咖啡厅聊聊吧,你还可以用物品展示框展示美食。一边吃蛋糕,一边喝咖啡,生活多么惬意!

难度:
★★☆☆☆
⏱ 30 分钟

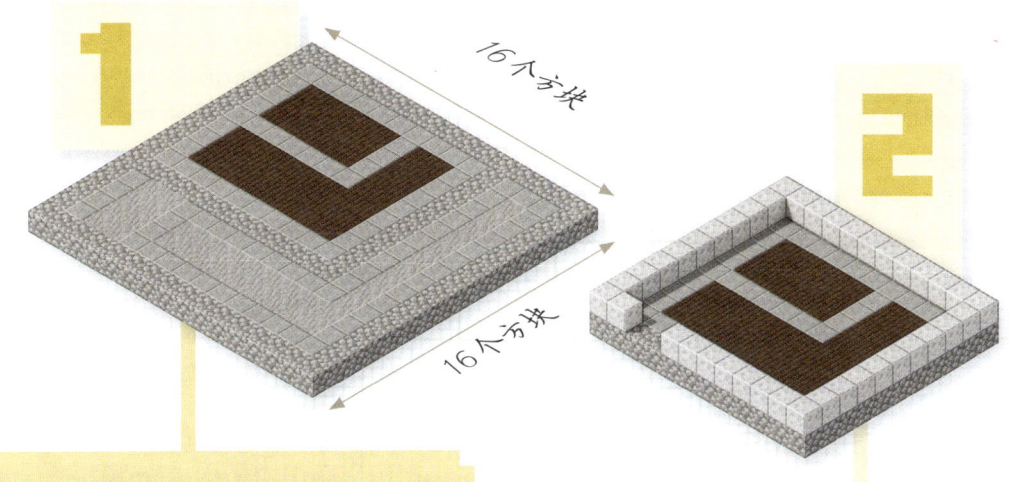

1. 用圆石、磨制安山岩、安山岩和深色橡木木板搭建出街边咖啡厅的地基。

2. 建造街边咖啡厅的墙壁。在圆石轮廓的内侧放上一圈磨制闪长岩。

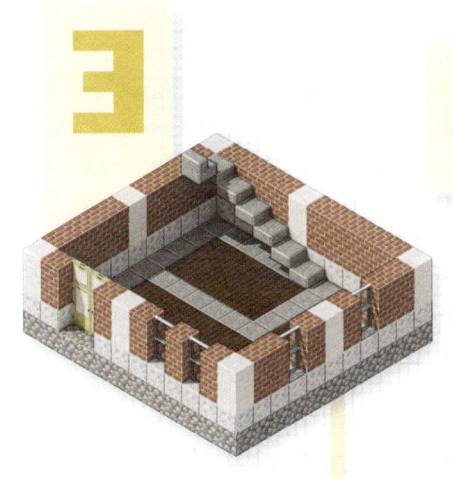

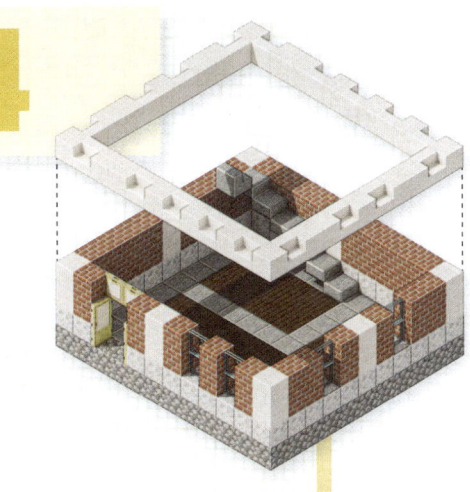

3. 用砖块、石英砖和玻璃板将墙增高2格。然后在出入口处放上白桦木门和白桦木活板门。用磨制安山岩台阶和楼梯搭建出街边咖啡厅的楼梯。

4. 在墙上加上一圈錾制石英块和石英楼梯。

5

用安山岩台阶和磨制安山岩台阶建造屋顶平台的地面。然后在墙上加上一圈砖块、石英砖和石英楼梯。

6

用砖块、安山岩台阶和磨制安山岩台阶建造一个出入口，然后在门口放置一扇深色橡木门。在墙壁四周内侧加上草方块，然后用石英楼梯和水建造一个水池。

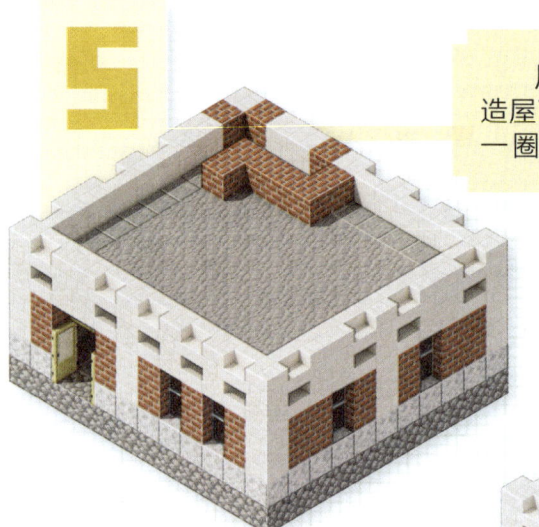

7

在街边咖啡厅周围摆放草方块和深色橡木栅栏。然后用黄色羊毛、白色羊毛和深色橡木栅栏建出遮阳棚。用闪长岩墙和灯笼装饰外部。

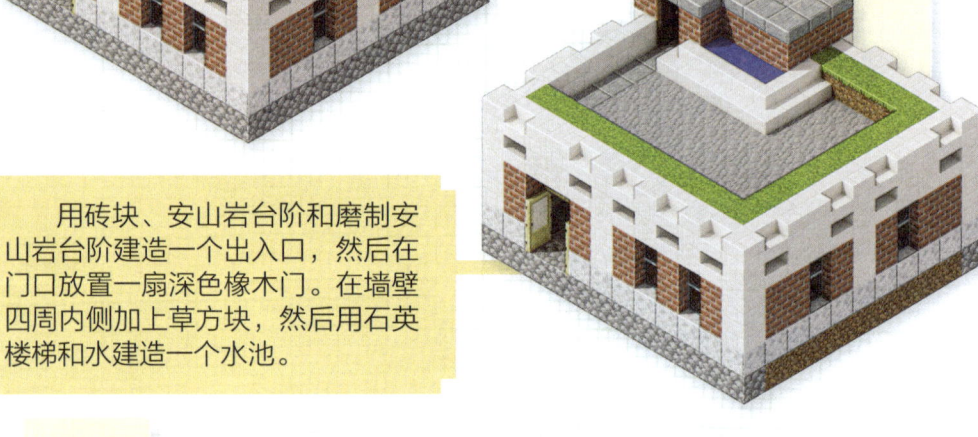

遮阳棚

装饰街边咖啡厅

你的街边咖啡厅已经快准备好迎接第一批客人了!在开业之前,建起吧台和餐桌吧。

一些好看的花朵能让街边咖啡厅显得更有活力!用一个讲台和一本书记录订座情况。

建起一个吧台,让客人在这里订餐。用物品展示框展示你做的美食。

在屋顶平台上摆上灯柱,准备迎接夜晚。

用楼梯、栅栏和压力板制作餐桌。

若需要更大的餐桌,可以把两个或者更多的餐桌连在一起。

蜜蜂庇护所

你知道吗？蜜蜂是我们生态圈中的重要一环。作为可以给植物授粉的昆虫，蜜蜂让我们星球上多种多样的植物和依靠这些植物生存的动物得以繁衍生息。在你的作物附近建造这个蜜蜂庇护所来让收成变得更好吧！

难度：
★☆☆☆☆
🕒 15 分钟

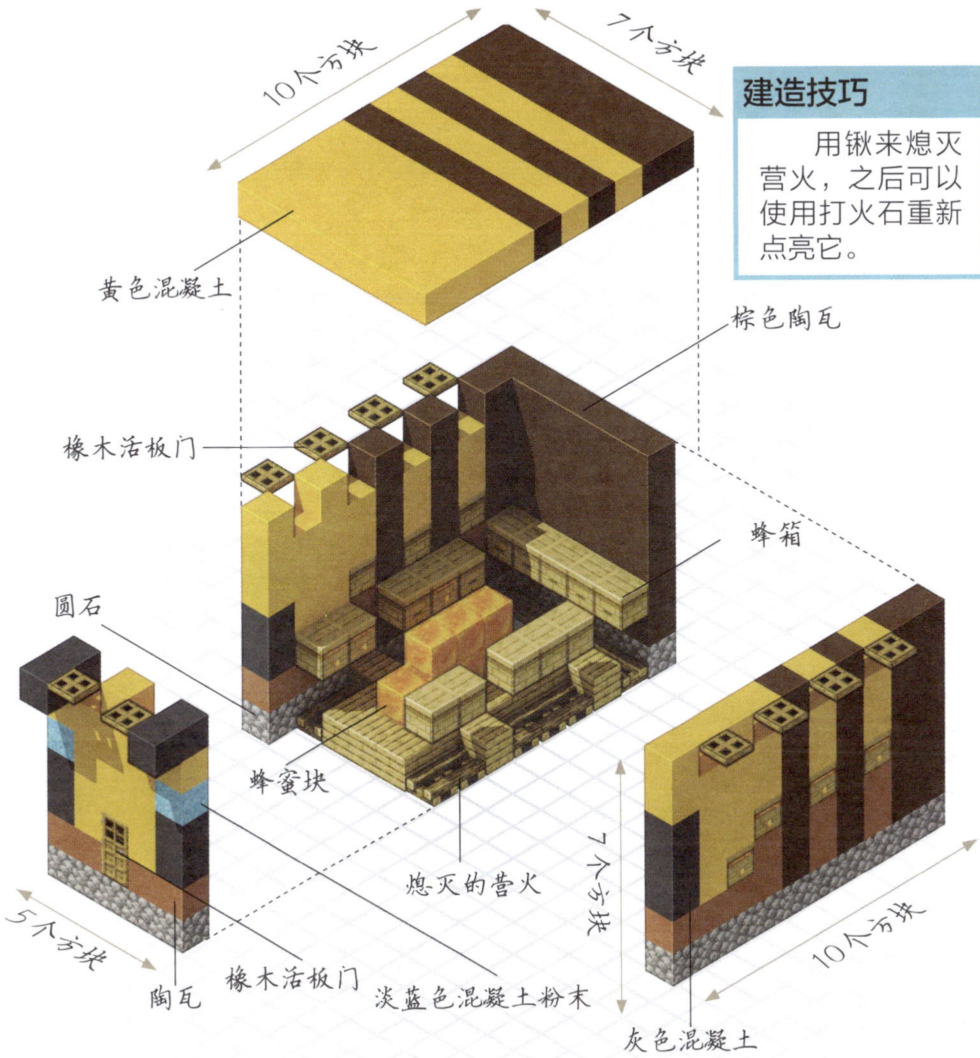

黄色混凝土 — 10个方块 × 7个方块

建造技巧
用锹来熄灭营火，之后可以使用打火石重新点亮它。

- 棕色陶瓦
- 橡木活板门
- 蜂箱
- 圆石
- 蜂蜜块
- 熄灭的营火
- 陶瓦
- 橡木活板门
- 淡蓝色混凝土粉末
- 灰色混凝土

5个方块 / 7个方块 / 10个方块

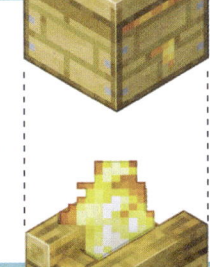

营火与蜜蜂
蜜蜂是中立生物，这意味着它们不会主动袭击其他生物或玩家，除非它们受到攻击或有人触碰它们的蜂巢。这让你得到甜甜的蜂蜜这项工作变得具有挑战性。好在烟雾可以让蜜蜂冷静下来。如果你准备好收集蜂蜜了，就可以点亮蜂箱下面的营火让蜜蜂冷静下来。对了，收集蜂蜜时需要用到剪刀。

钓鱼小屋

当你在《我的世界》钓鱼时,有机会钓上美味的鱼或沉没的宝藏。如果你运气不好,也可能会钓到一些垃圾。这座钓鱼小屋可以让你免受溺尸的侵扰,保证你的安全。

难度:
★★☆☆☆
◷ 30 分钟

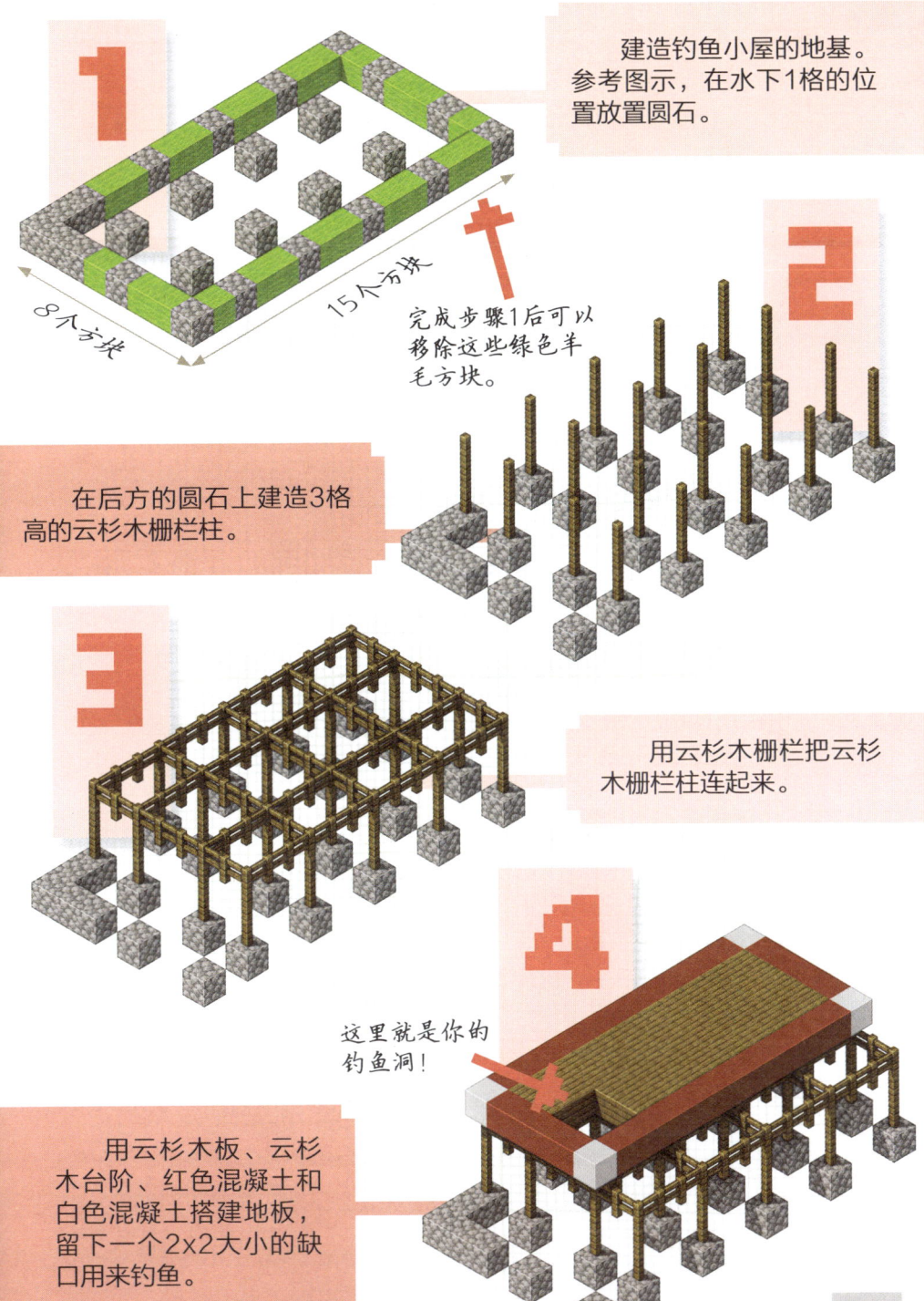

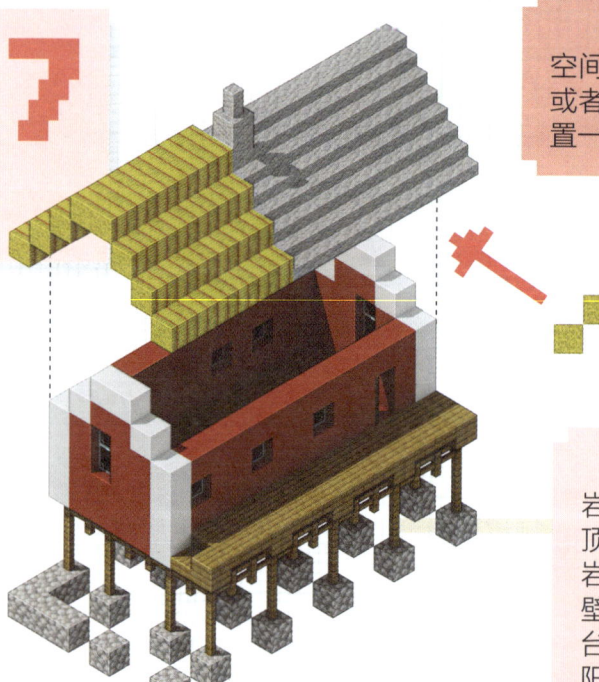

5 用红色混凝土和白色混凝土建造钓鱼小屋的墙壁。

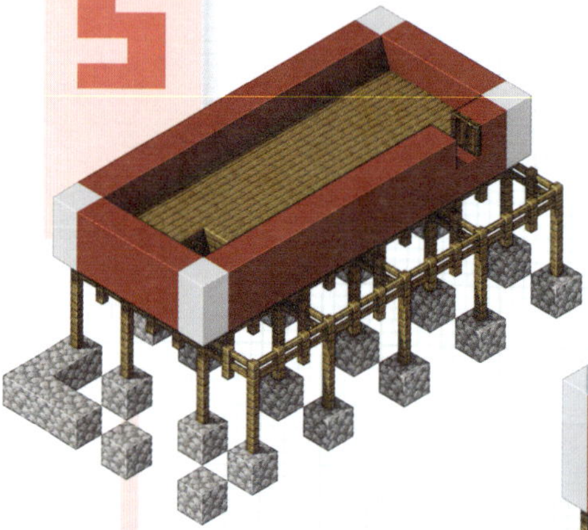

6 增高墙壁,为门窗留出空间。在窗户位置放置一块或者两块玻璃板,在门口放置一扇深色橡木门。

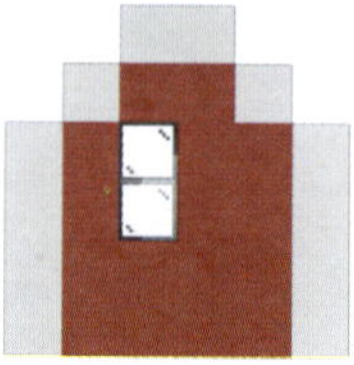

背面墙

7 使用干草方块和安山岩楼梯为钓鱼小屋建造屋顶,然后用安山岩和安山岩墙方块做出烟囱。在墙壁旁边加上云杉木方块和台阶,在外面建造出一个阳台。

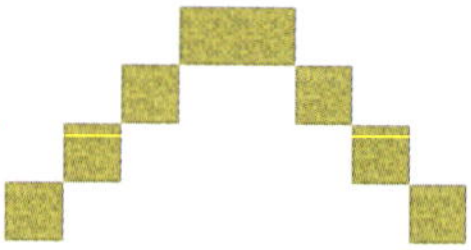

屋顶结构

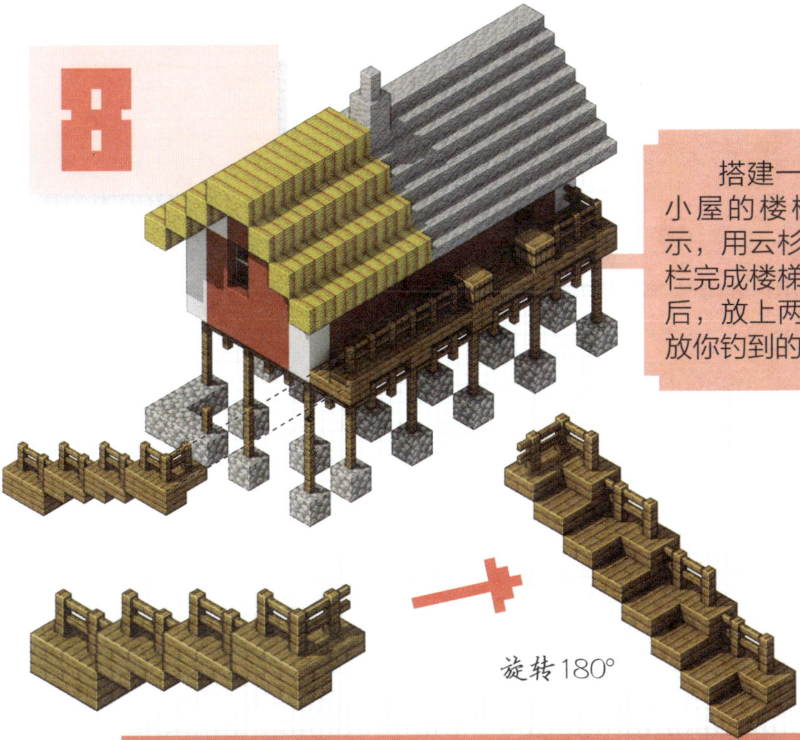

搭建一段通向钓鱼小屋的楼梯。参考图示，用云杉木台阶和栅栏完成楼梯的制作。然后，放上两个木桶来存放你钓到的鱼。

旋转180°

内部装饰

现在该在你的钓鱼小屋里放上各种垂钓用品了。这里展示的物品完全可以满足你和朋友一起度过垂钓时间的各种需求。

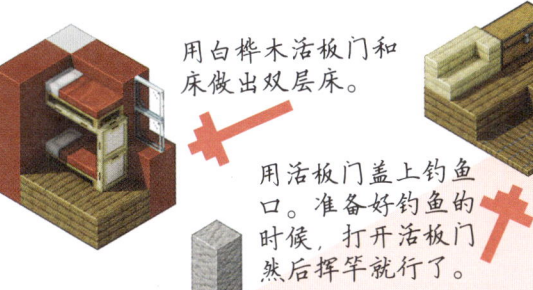

用白桦木活板门和床做出双层床。

用活板门盖上钓鱼口。准备好钓鱼的时候，打开活板门然后挥竿就行了。

用灯笼点亮小屋。

加上一个烹饪区来烹饪你的鱼。烟熏炉能以两倍的速度烹饪你的食物，但只会奖励你一半的经验值。

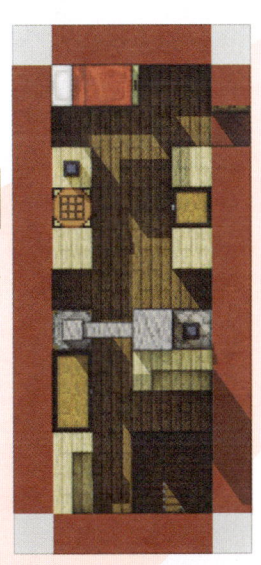

基岩列车

采矿是《我的世界》中最大的乐事之一。挖出矿洞、收集资源、寻找钻石,都是这个方块游戏的乐趣。不过出入矿洞也许是一件艰难的事。但有了基岩列车,便能解决这个难题。

难度:
★★★☆☆
⏱ 45分钟

第一部分：起始站
进入矿洞

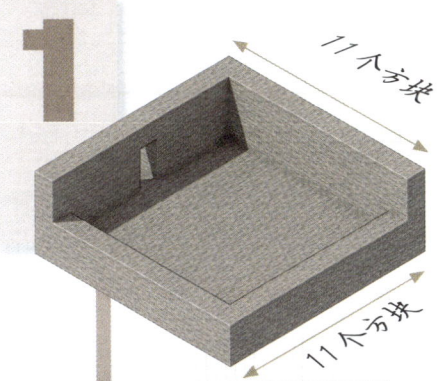

1. 在你的矿洞正上方朝上面的地面挖出一个3格深的房间，保留墙壁的石头，并为出入口留出一个缺口。墙壁可以由任何你可以找到的方块构成，这里使用的是石头。

2. 参考图示，将四面墙上的个别方块替换成橡木原木和圆石，这会让建筑更具矿洞色彩。

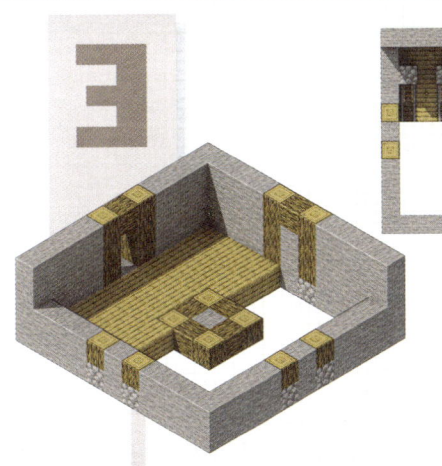

3. 移除部分地面，然后用橡木原木和橡木木板建造起始站的站台。

4. 接下来，建造铁轨的起始部分。参考图示，在出入口左侧放置两块圆石方块、两段铁轨、两段动力铁轨和一支红石火把。

5

增加一些小装饰,完成起始站的建造。放置一条橡木栅栏的围栏,加上几个摆放在橡木活板门上的储存箱,然后用灯笼点亮整个空间。

栅栏围栏可以防止跌落,从这儿到底部的距离真的很远!

第二部分:矿道
深入矿洞

6

接下来该建造矿道了。先在始发站正下方挖掉4层方块,然后建造出由圆石和橡木原木组成的这个结构。

7

在中心的柱子周围用橡木木板搭建两个用于支撑轨道的装置。

8

继续用橡木木板进行搭建,让它们沿着内侧墙壁和中心的柱子逐渐向下延伸。每往下搭建一层,就按图中的样子将两个方框连接起来。

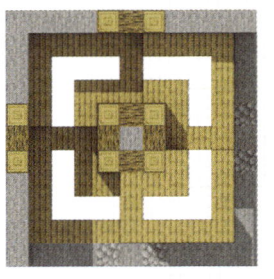

9

现在开始摆放轨道,首先放上两段动力铁轨,然后接上铁轨。用一支红石火把激活动力铁轨。

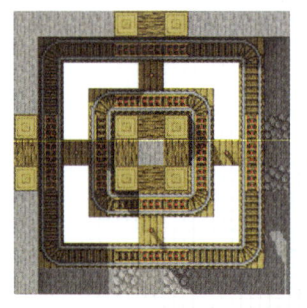

10

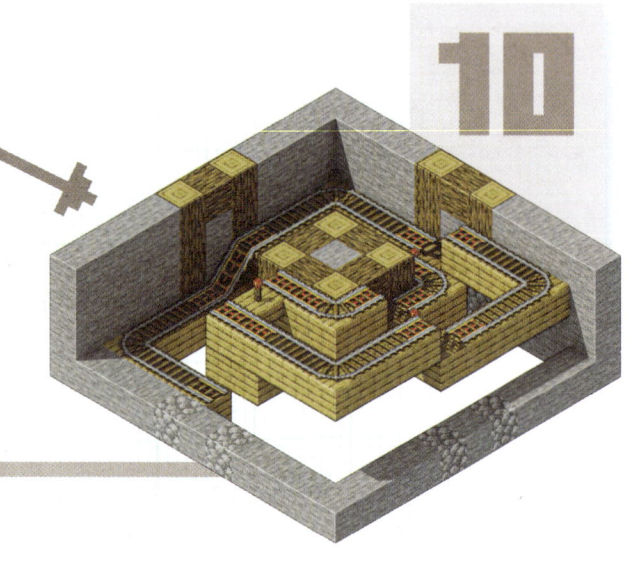

沿着橡木木板摆放铁轨和动力铁轨。若要继续向深处延伸,重复步骤7至步骤10。每个重复的矿道部分都会往地下再深入4层。

第三部分:终点站
轨道尽头

11

如果准备好完成矿道的搭建了,那就开始建造第三部分吧。在矿道正下方挖掉4层方块,然后在墙壁里建造出由橡木原木和圆石组成的结构。

12

继续延伸步骤10中分层的橡木木板方框,直到接触到地面,像步骤7至步骤8中一样。

13

用步骤9至步骤10中的方式摆放铁轨、动力铁轨和圆石方块。然后放上箱子、灯笼并设置一个出入口。

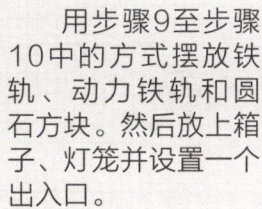

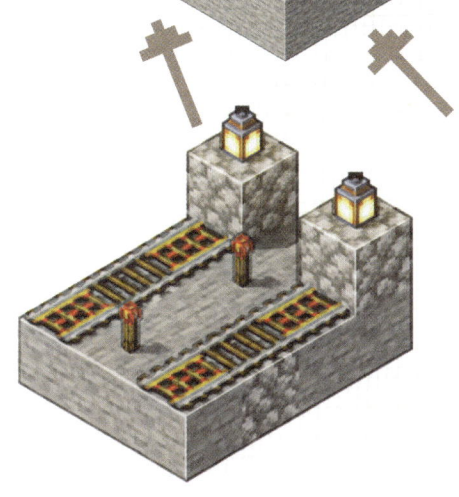

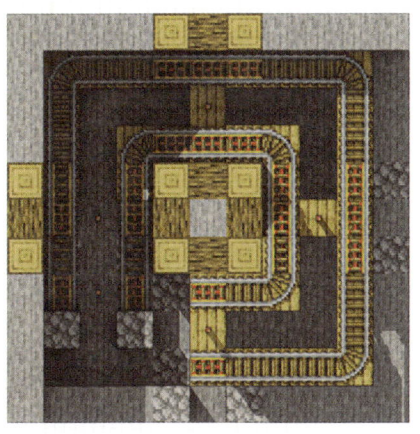

总结：完整建筑

按照步骤1至步骤13完成建造，可以让铁轨深入地下12格。建造好之后，在每条轨道上相对方向的末端各放置一辆矿车。如果你想打造一条补给路线，就在其中的一条轨道上放上一辆动力矿车。

有两条轨道意味着总是有一辆矿车是向上的，而另一辆矿车是向下的。

在每层之间的连接处使用了3段动力铁轨，这样能保证矿车不减速就能到达顶部。

记得在建筑中加上灯笼来点亮矿道，消除黑暗的区域。

可以建多深？

若要建造基岩列车，首先要建造起始站，这是轨道开始的地方。接下来，重复建造第二部分，也就是矿道部分，一直达到你所需要的深度为止。最后，建造第三部分，也就是终点站，完成整个基岩列车的建造。

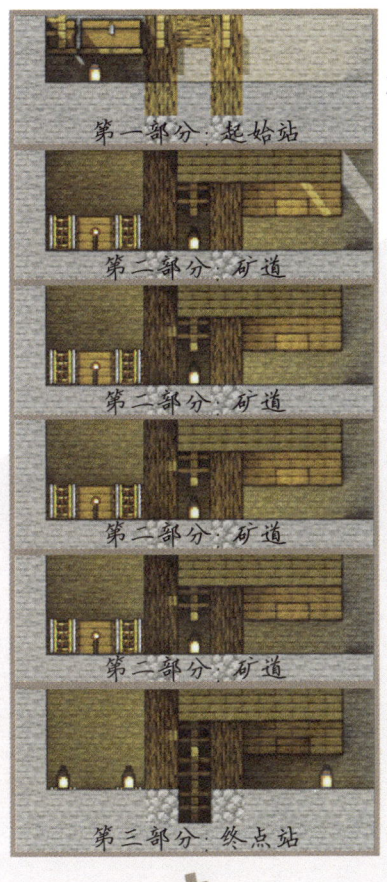

第一部分是起始站，可以从这里进入矿道。

第二部分是深入矿洞的矿道。如果你愿意，可以重复建造这一部分，深入地下。

这里的基岩列车由起始站、4个矿道和终点站组成，它可以让你向下深入24格！

第三部分是终点站，在这里下车开始采矿吧！

彩虹马舍

骑马是《我的世界》中又快又简单的陆路旅行方式之一。只需要一匹马和一副鞍,你就可以出发。这个建筑使用了栅栏来防止马出逃。建造这座彩虹马舍,为你的马打造一个豪华的居所吧!

难度:
★★☆☆☆
🕐 30 分钟

1

用圆石、草方块和彩色混凝土建造彩虹马舍的地基。

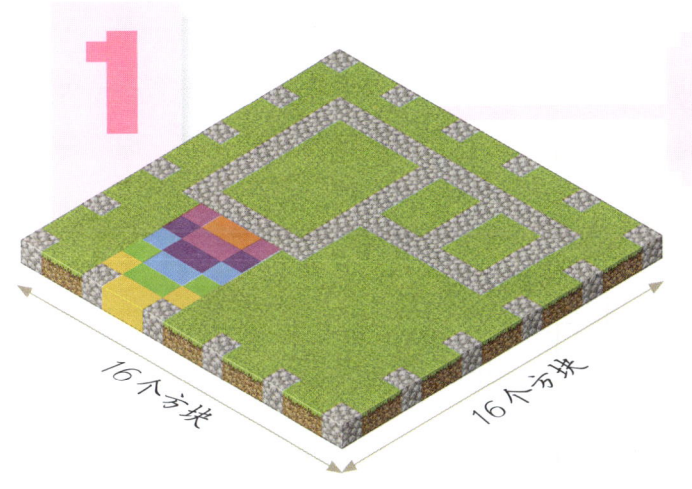

16个方块 × 16个方块

2

根据圆石轮廓用紫珀块和白桦木板建造彩虹马舍的墙壁。放下炼药锅，用水桶往里面倒入水。

3

添加白桦木栅栏和白桦木栅栏门。

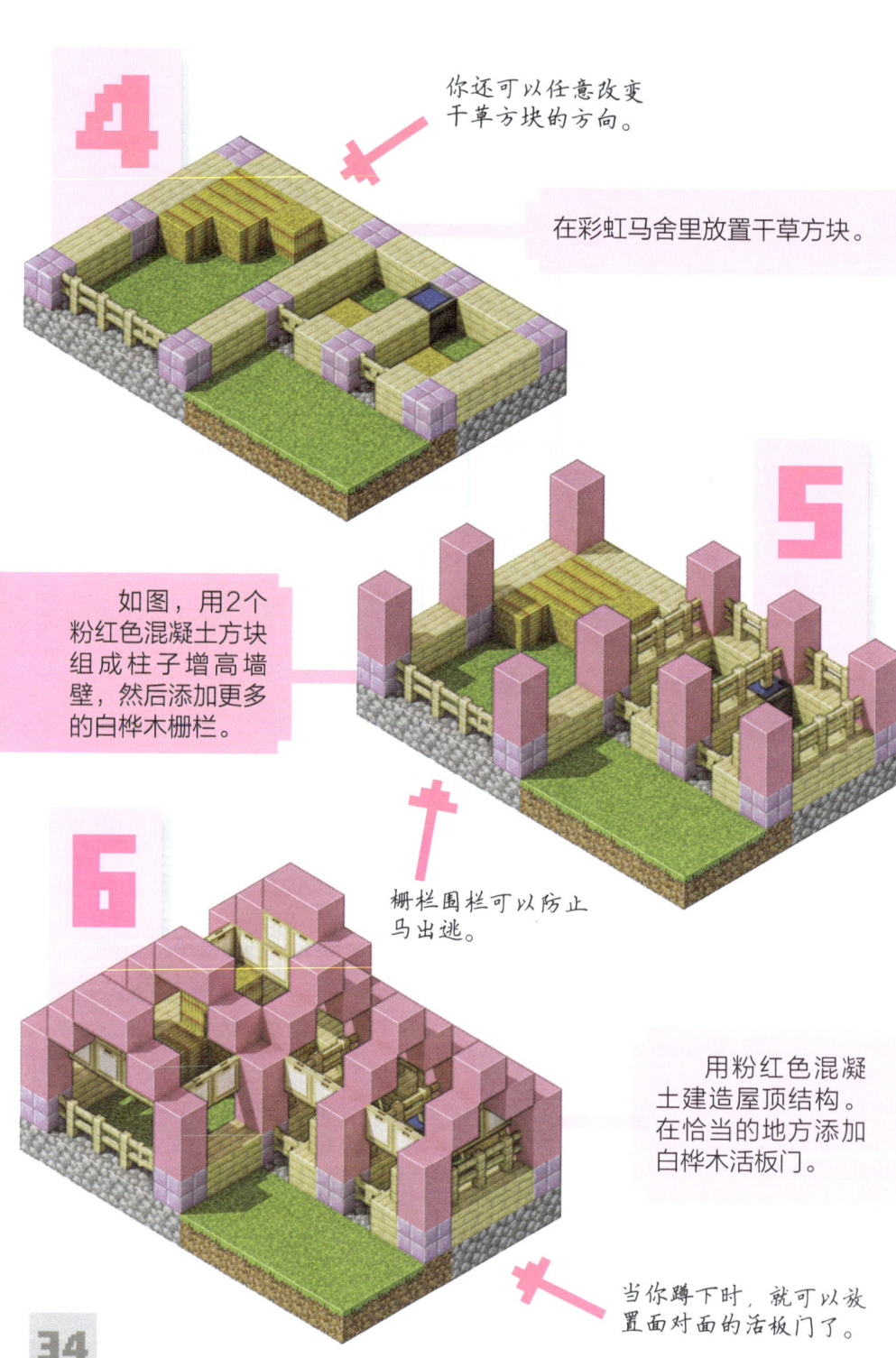

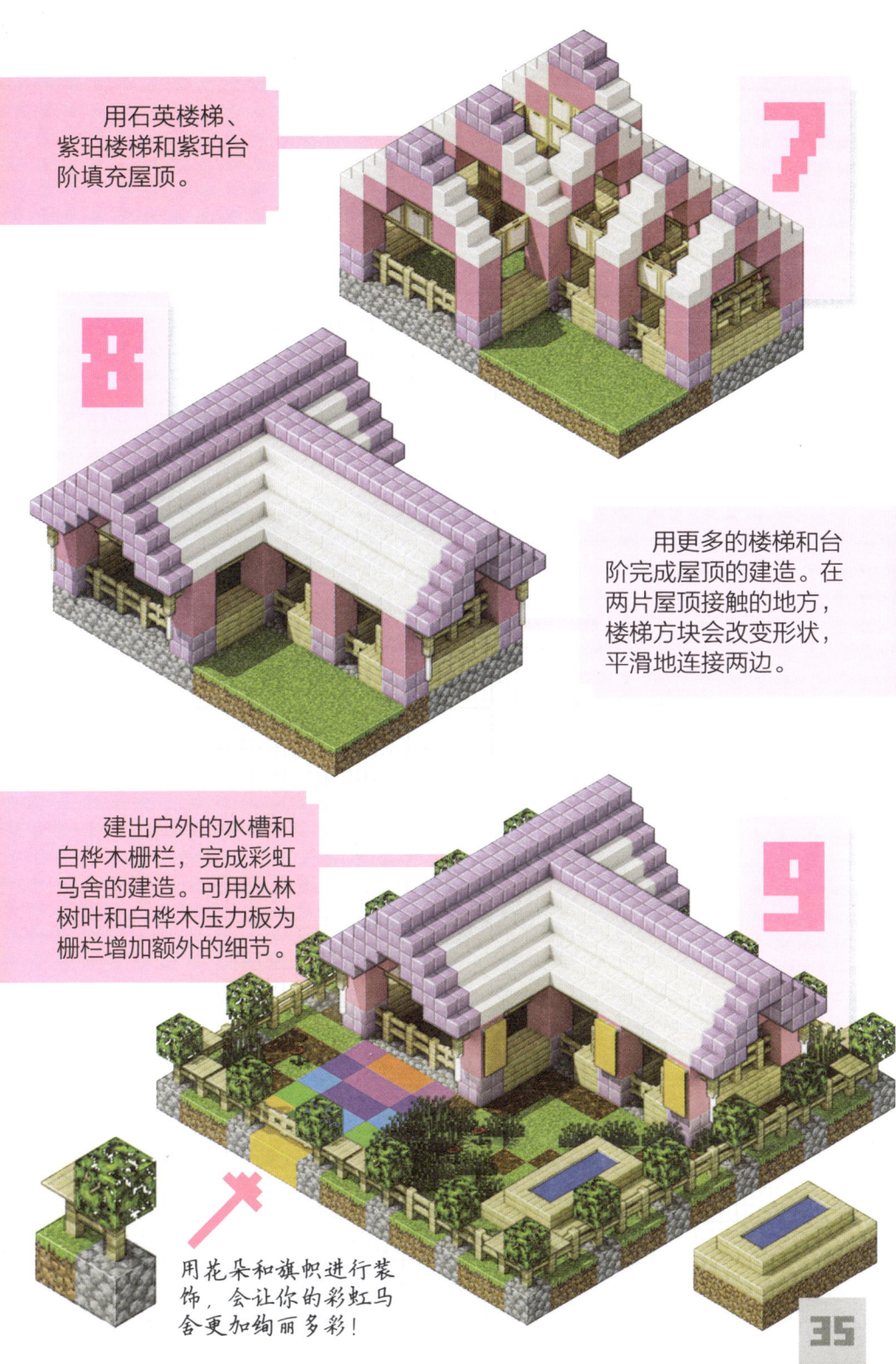

市场小摊

精美的旗帜、南瓜派、音乐唱片,在本地市场能找到的东西可不止这些。建造这个市场小摊,摆出自己的摊位,出售自己的商品吧!把最好的物品展示出来,然后在箱子里装满货物来满足顾客的需求。

难度:
★☆☆☆☆
🕙 10 分钟

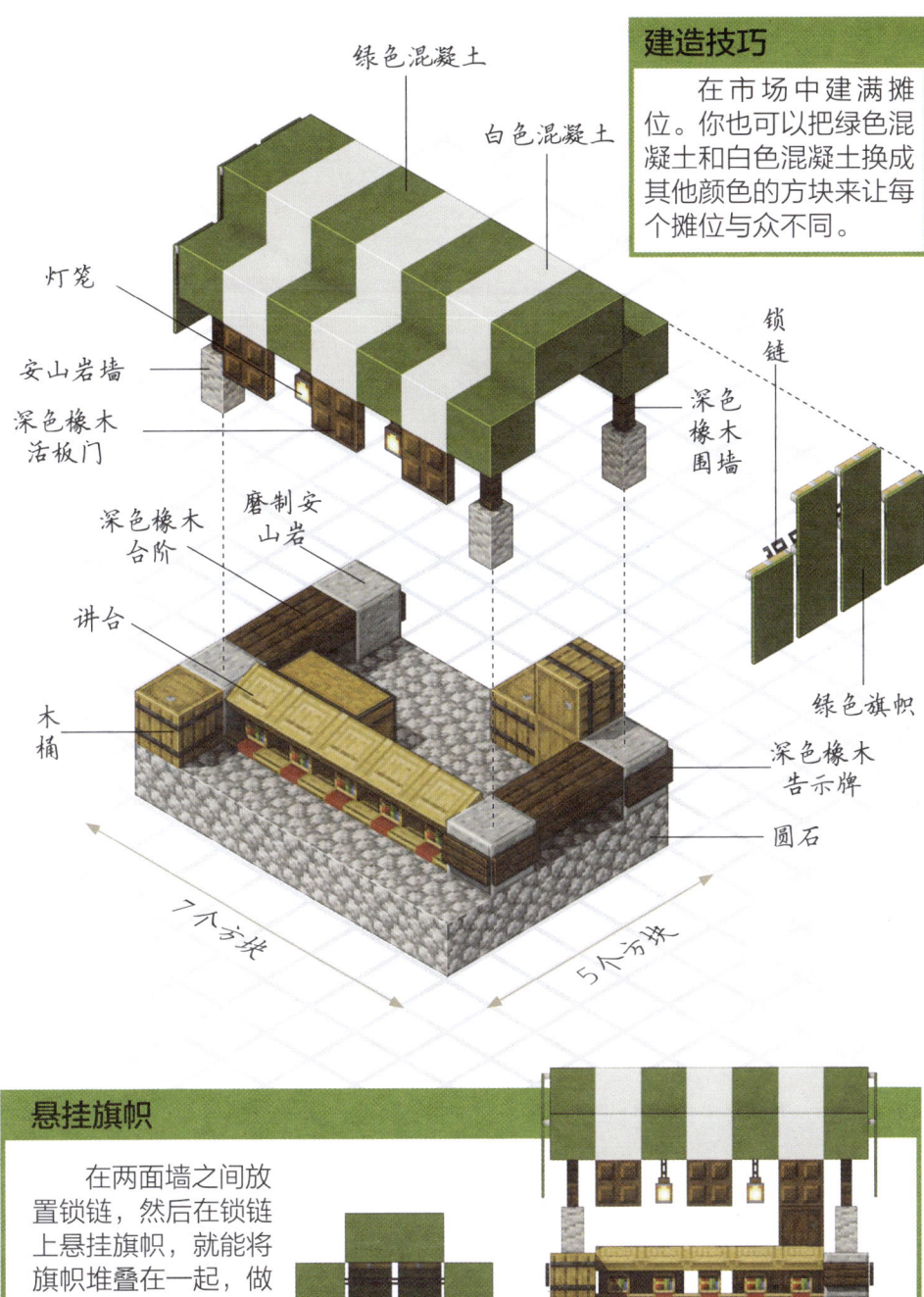

熔岩赛道

很多人都爱跑酷游戏，不过这次你可要冒着很大的风险——快来这个地面被熔岩覆盖的障碍赛道中大显身手吧！这里充满了短小的平台、黏糊糊的蜂蜜块，还有定时触发的红石电路……所以，你要抓准时机，精准地跳跃，这样才能到达终点。

难度：
★☆☆☆☆
🕐 20 分钟

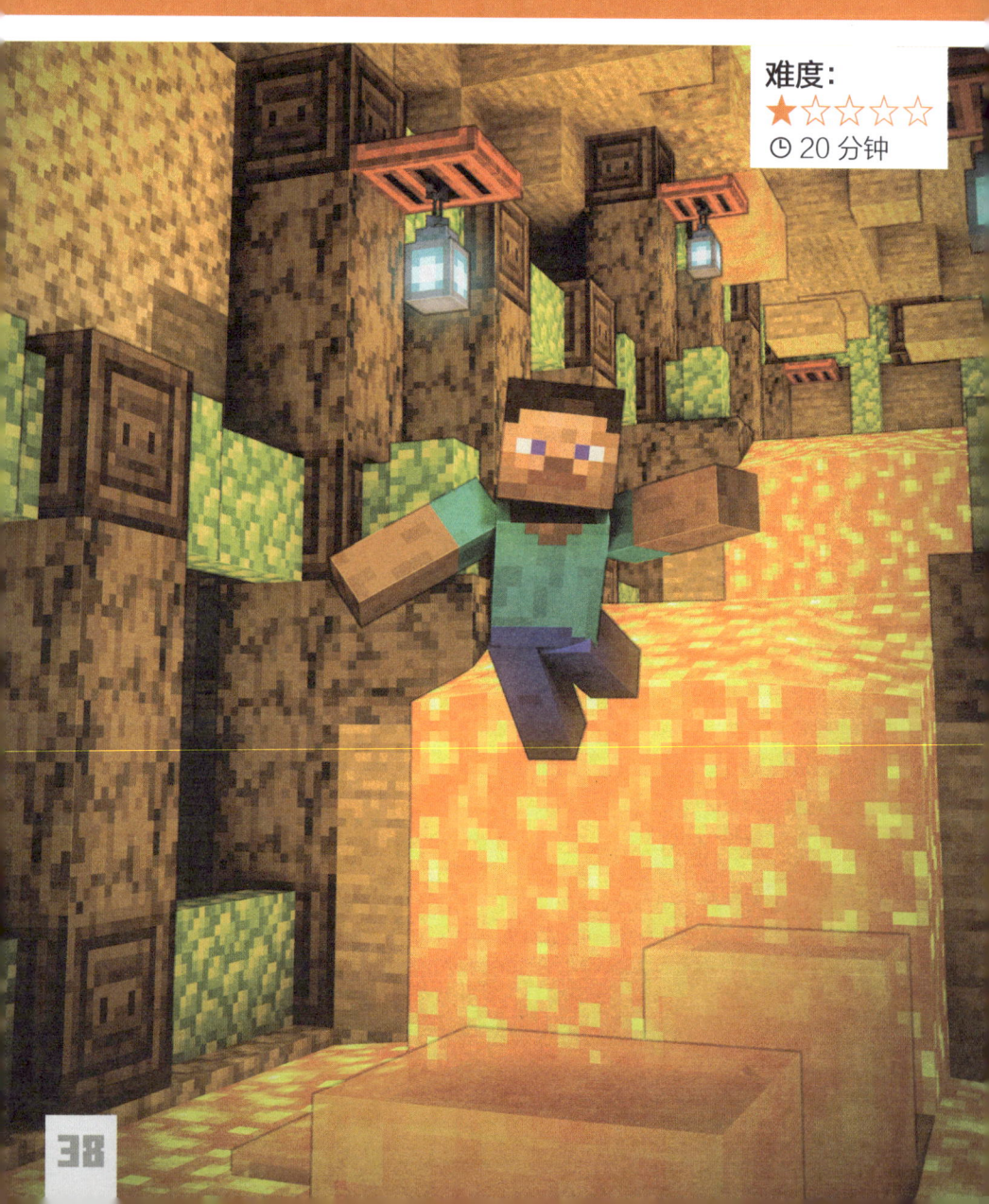

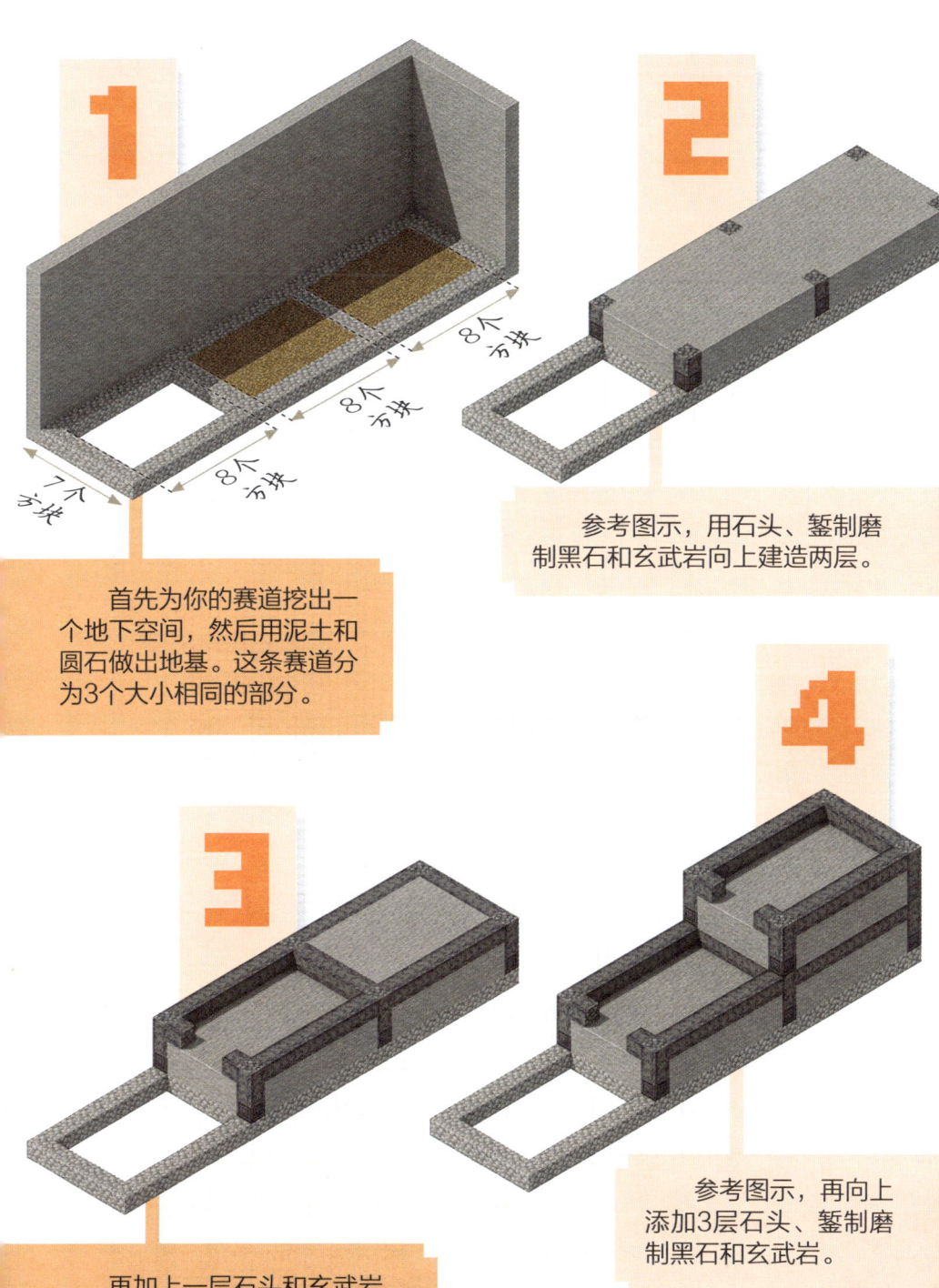

1. 首先为你的赛道挖出一个地下空间,然后用泥土和圆石做出地基。这条赛道分为3个大小相同的部分。

2. 参考图示,用石头、錾制磨制黑石和玄武岩向上建造两层。

3. 再加上一层石头和玄武岩。

4. 参考图示,再向上添加3层石头、錾制磨制黑石和玄武岩。

5

现在,将重点放在建筑的第一部分。先用海晶石墙和雕纹磨制黑石建造墙壁。

6

在每块錾制磨制黑石上方加上两块玄武岩,然后用海晶石墙做出一个出入口。

7

再向上添加一层錾制磨制黑石和海晶石墙,第一部分就完成了。

8

用步骤5至步骤7中使用的方块完成后面的两部分。

9

现在对建筑进行照明设计。在建筑的各部分放置绯红木活板门，然后在下面加上灵魂灯笼。

10

在地面上倒满熔岩，然后加上供玩家跳跃的障碍物。接下来会介绍可以添加的障碍物。

障碍物

障碍物1：黏黏滑滑

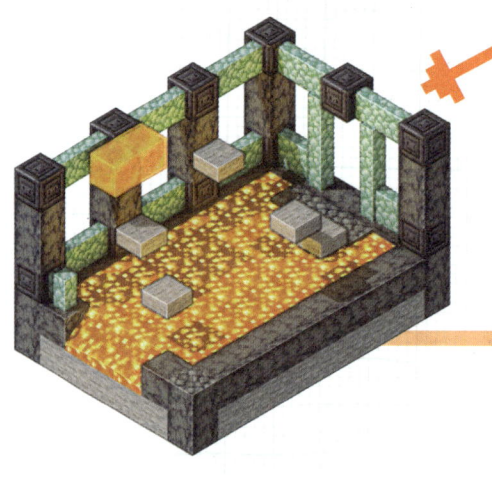

用一个简单的跳跃挑战开场吧。参考图示，放置台阶和蜂蜜块，玩家要爬上台阶然后沿着蜂蜜块滑行才能到达下个区域。

障碍物2：凌波微步

标靶方块连接着两个黏性活塞。这两个活塞被激活时会形成一座桥，但这座桥只会保持一秒钟的时间。拿上你的弓，射中标靶方块，然后在石头从你脚下消失之前快步进入下个区域。

展开图

障碍物3：惊心铁索

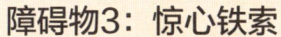

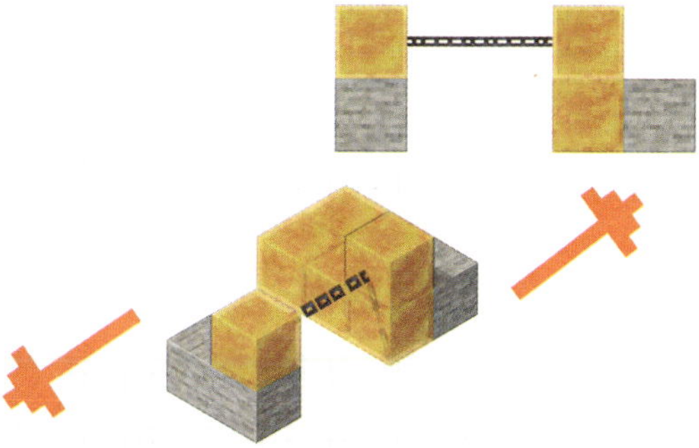

用石头、蜂蜜块和锁链制作一个黏糊糊的挑战。玩家要从上方跳到平台，然后缓慢地走过狭长的锁链才能到达终点。在有蜂蜜块的地方可跳不起来！

成品建筑

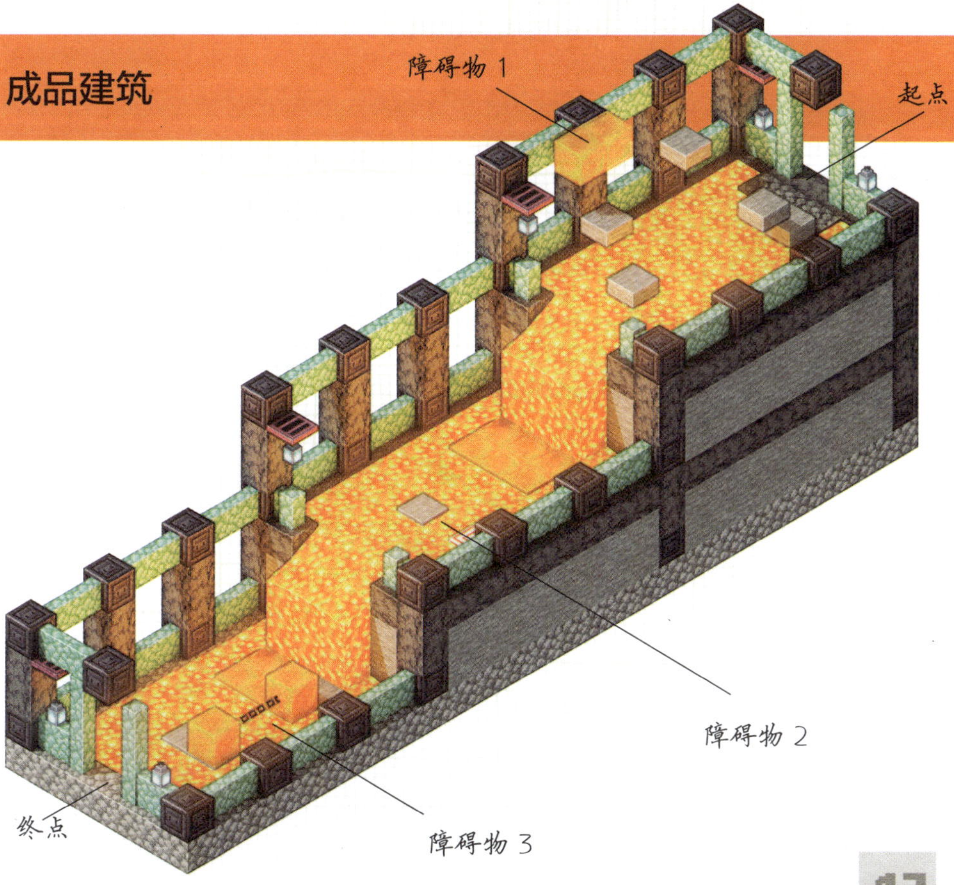

障碍物 1

起点

障碍物 2

障碍物 3

终点

陈列厅

从深渊到高山，四处搜寻稀有物品会让你走上一段涉足《我的世界》许多生物群系的旅程。把你的稀有物品在这个陈列厅中展示出来吧！准备一本记录自己旅途的日志，让来拜访的朋友了解你的事迹。

难度：
★★☆☆☆
⏱ 40 分钟

1

这里的陈列厅是在地下建造的,但你也可以将它打造成地上建筑的其中一个房间。如果你要在地下建造,首先要挖出一个5格深的空间。

2

用花岗岩、磨制花岗岩、圆石替换地基中的石头方块。

3

先放置磨制黑石砖。这些方块在之后的步骤中会变成立柱。接下来,用石头和磨制黑石楼梯开始建造通往陈列厅的楼梯。

4

在磨制黑石砖之间以各种组合方式摆放石英柱。这些是用来展示你珍藏的稀有物品的展示台。

5

参考图示,将磨制黑石砖延伸为3格高的立柱。用石头和磨制黑石楼梯继续建造楼梯。

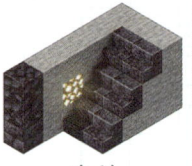

楼梯

6

参考图示,对着立柱摆放闪长岩墙,然后用荧石点亮建筑。在楼梯底部的尽头摆放两扇铁门和用于打开它们的按钮。

7

用磨制黑石楼梯和磨制黑石台阶把立柱都改造成拱门。

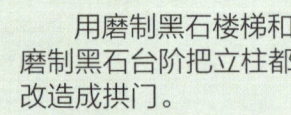

拱门

最后，用磨制黑石和錾制磨制黑石连接四面墙上的拱门，然后悬挂灯笼来点亮陈列厅。接下来，装饰你的陈列厅，看看下面的建议吧！

装饰陈列厅

你可以把陈列厅装饰成任何自己喜欢的风格！如果你想找点灵感，不妨试试下面这些有趣的设计。用讲台上的书记录你的旅途经历，以及自己找到陈列在这里的各个稀有物品的故事吧。

悬空小屋

注意盯着钟表上的时间，因为夜幕降临之后，恼人的怪物就会现身，伏击那些毫无戒备的玩家。对于夜猫子来说，这些怪物有些烦人，尤其是那些苦力怕！好在大部分怪物都不善攀爬，因此一个悬在半空中的屋子非常适合在夜晚完成工作。

难度：
★★☆☆☆
⏱ 30 分钟

1

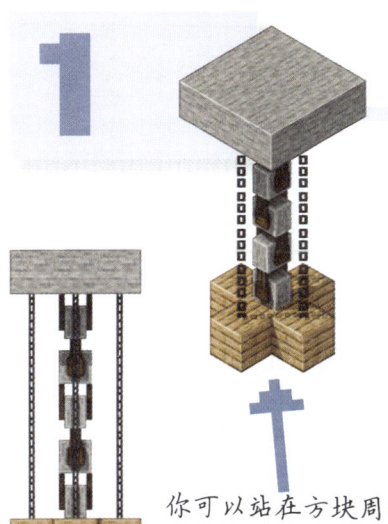

在一个自然石拱下方，或者在地下15格以下的大型洞穴中来搭建这个悬空小屋。在找到合适的地点之后，用砂轮、锁链和丛林木板搭建出吊起小屋的装置。

你可以站在方块周围不同的位置来改变砂轮的朝向。

2

用丛林木建造出方形框架状的屋顶。

对着每块丛林木板的下半部分放置丛林木台阶。

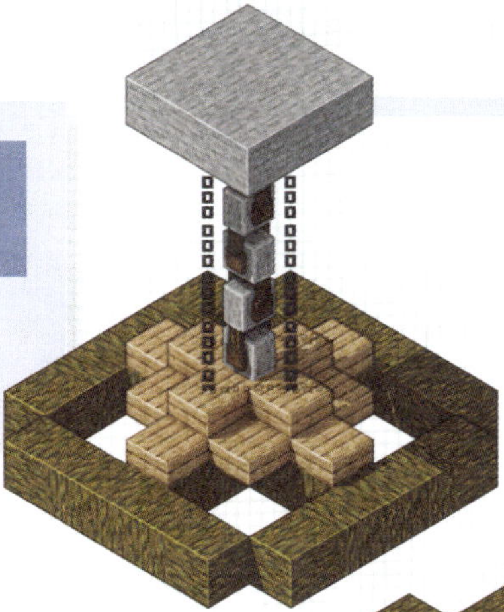

3

4

在屋顶的每一边加上两条2格长的伸出的梁。

参考图示,在屋顶下方的外侧加上3格高的丛林木柱。

在屋顶下方用台阶和草方块搭建一个平台。

下面为悬空小屋添加细节。在屋顶处放置丛林木栅栏,然后用草方块填充顶部的空隙。

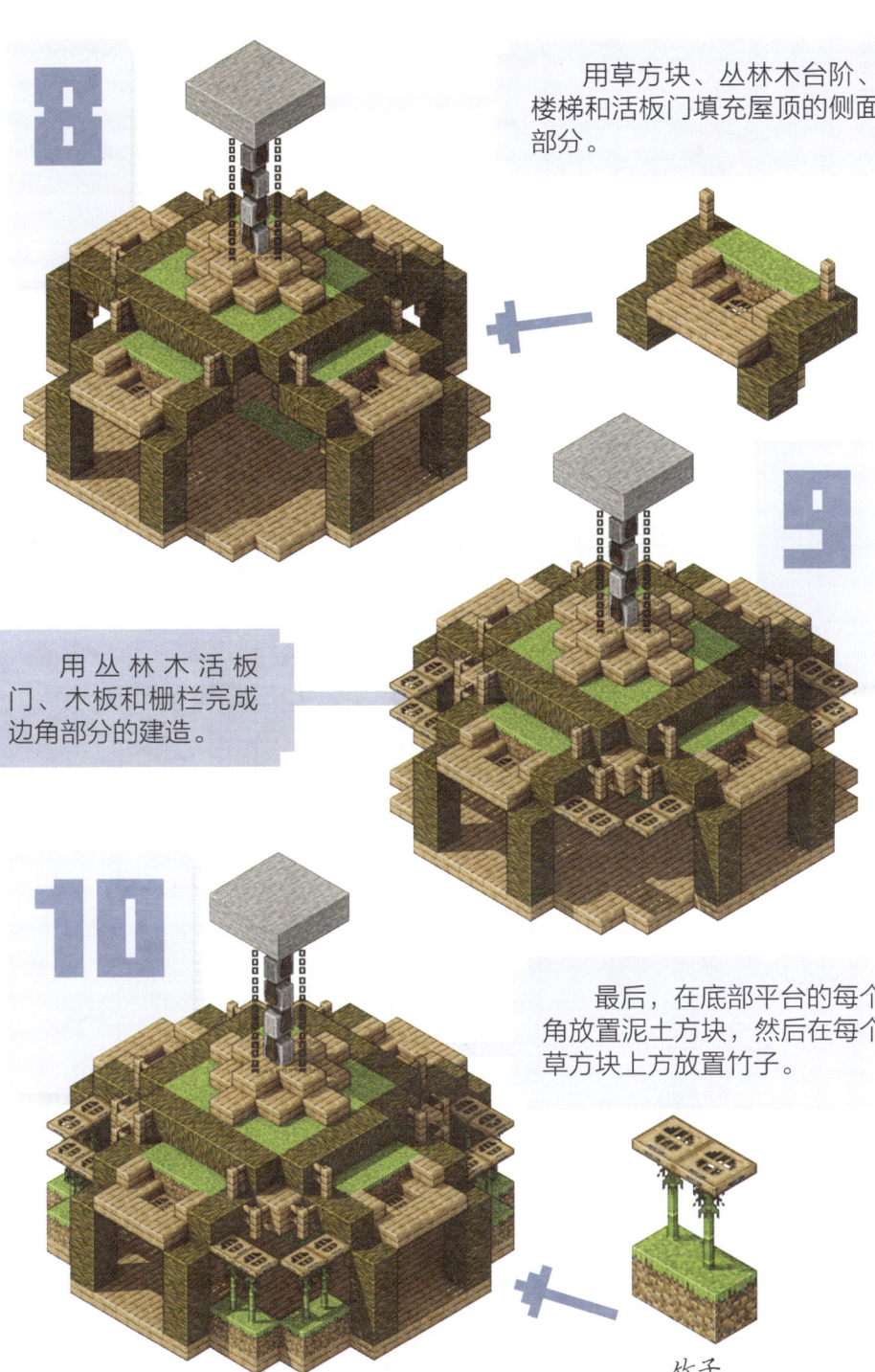

8 用草方块、丛林木台阶、楼梯和活板门填充屋顶的侧面部分。

9 用丛林木活板门、木板和栅栏完成边角部分的建造。

10 最后,在底部平台的每个角放置泥土方块,然后在每个草方块上方放置竹子。

竹子

家居必需品

在悬空小屋的每一面放置藤蔓,让它融入自然环境中。

放置活板门来控制悬空小屋的出入口。用藤蔓作为梯子。

在屋里放上一个附魔台来附魔工具和护甲。在距离附魔台 1 格远的位置摆放 15 个或者更多的书架,这样可以得到所对应的最高等级的附魔。

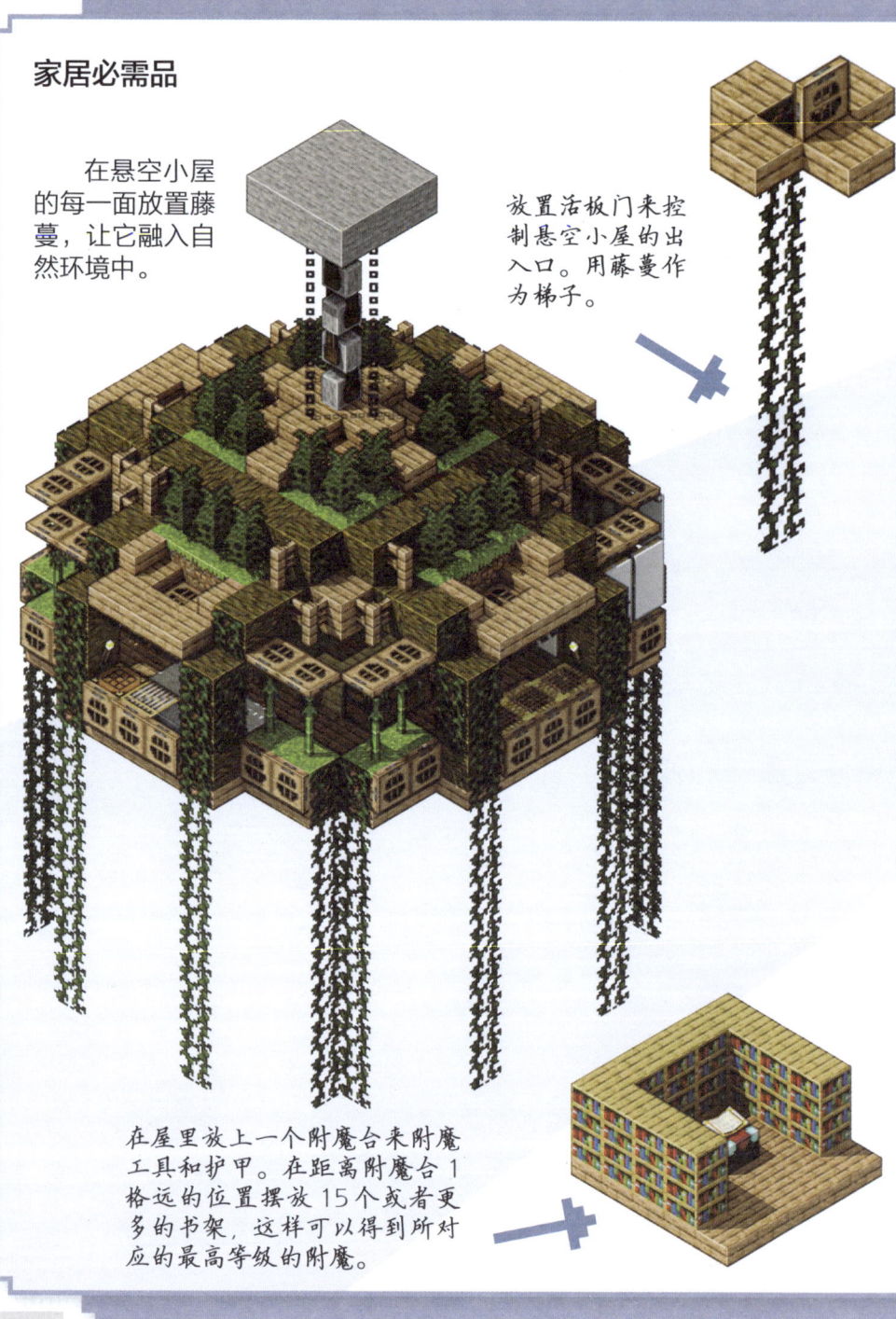

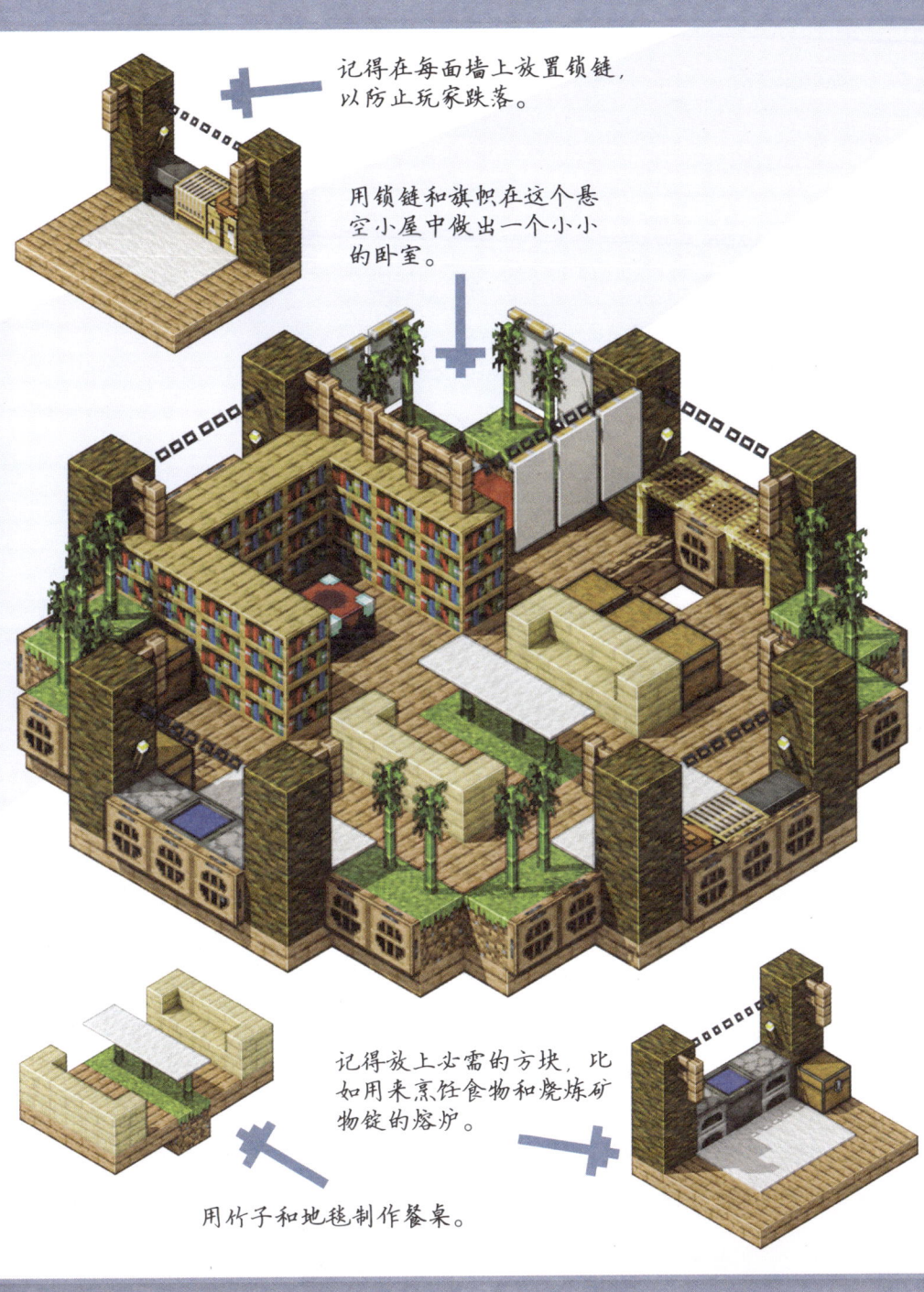

记得在每面墙上放置锁链，以防止玩家跌落。

用锁链和旗帜在这个悬空小屋中做出一个小小的卧室。

记得放上必需的方块，比如用来烹饪食物和烧炼矿物锭的熔炉。

用竹子和地毯制作餐桌。

行商雪橇

寒冷生物群系中的资源匮乏，你可以在这里出售多余的资源，以换得闪亮的绿宝石。这架雪橇上满是储物空间，可以满足你所有的行商需求。拉下活板门，开始营业，然后招呼附近需要资源的玩家过来吧！

难度：
★☆☆☆☆
🕒 15 分钟

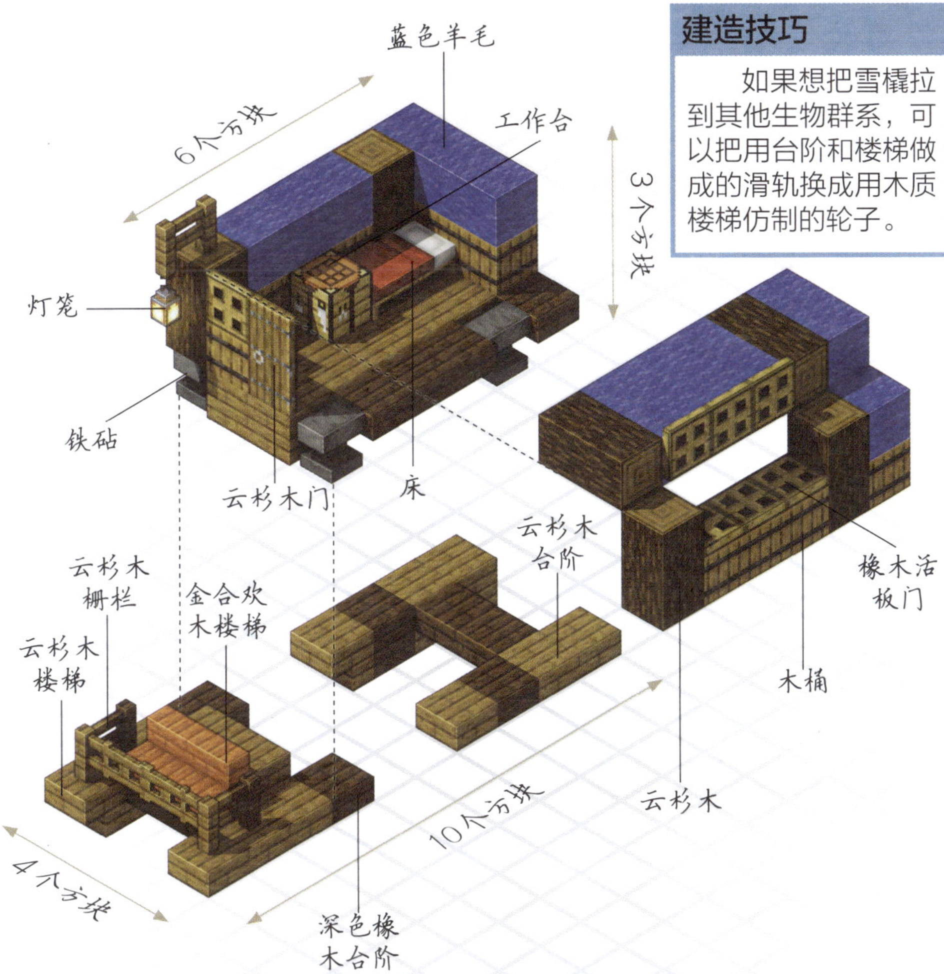

蓝色羊毛
工作台
6个方块
3个方块

建造技巧

如果想把雪橇拉到其他生物群系，可以把用台阶和楼梯做成的滑轨换成用木质楼梯仿制的轮子。

灯笼
铁砧
云杉木门
床
橡木活板门
木桶
云杉木台阶
云杉木
云杉木栅栏
云杉木楼梯
金合欢木楼梯
4个方块
10个方块
深色橡木台阶

侧面图

行商雪橇的结构是一个在4条滑轨上的座舱。滑轨由云杉木和深色橡木材料的台阶和楼梯制成。

用绳子将狼或北极熊等生物拴在雪橇前方的栅栏上。

太空火箭

你探索了主世界,深入了下界。很快,你也会在末地遨游。那么,下一站又会是哪里呢?太空!准备好了吗?请坐着你自己的太空火箭,探索未知的宇宙吧!

难度:
★★☆☆☆
🕐 25 分钟

用炼药锅和铁块建造太空火箭的底部。放置一扇铁活板门和一架梯子用于攀爬出入。

开始建造太空火箭的外壁。首先放置一圈灰色混凝土方块，然后在楼梯旁加上一个按钮，再在火箭内部的活板门旁加上一个按钮。

用橙色混凝土和铁块向上添加两层方块。

用平滑石头台阶建出底面，然后用梯子将两个楼层连接起来。

继续建造太空火箭的外壁。摆放3层橙色混凝土，放置4块黑色染色玻璃作为窗户。

用平滑石头台阶建出底面，然后用梯子将两个楼层连接起来。

用橙色混凝土、铁块和黑色染色玻璃继续向上建造3层。

侧面图

接下来，开始制作太空火箭的顶部。在每一侧都放置上铁块和灰色混凝土。

9

用相同的方块完成太空火箭最顶端的制作，然后用更多的灰色混凝土和铁块做出4根支架。

支架

10

最后，为你的太空火箭做一些点缀。在每一块灰色混凝土上放置活板门，然后在支架之间加上铁栏杆和按钮。

太空必需品

太空火箭上的空间有限，因此只带上重要的物品这件事显得至关重要。记得带上一个制图台，你可以在畅游宇宙的途中记下繁星的轨迹。

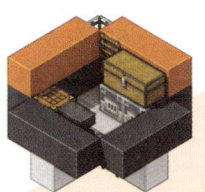  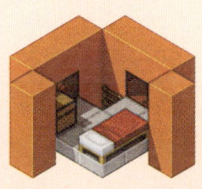

丛林神殿

勇敢的冒险者总能在茂密的丛林中找到失落的遗迹。通过这些神秘的建筑，我们得以窥见那些被遗忘的时光，了解古代文明。建造一座丛林神殿，等待之后的冒险家来发现它吧，你会为冒险家留下怎样的惊喜呢？

难度：
★★☆☆☆
⏱ 30分钟

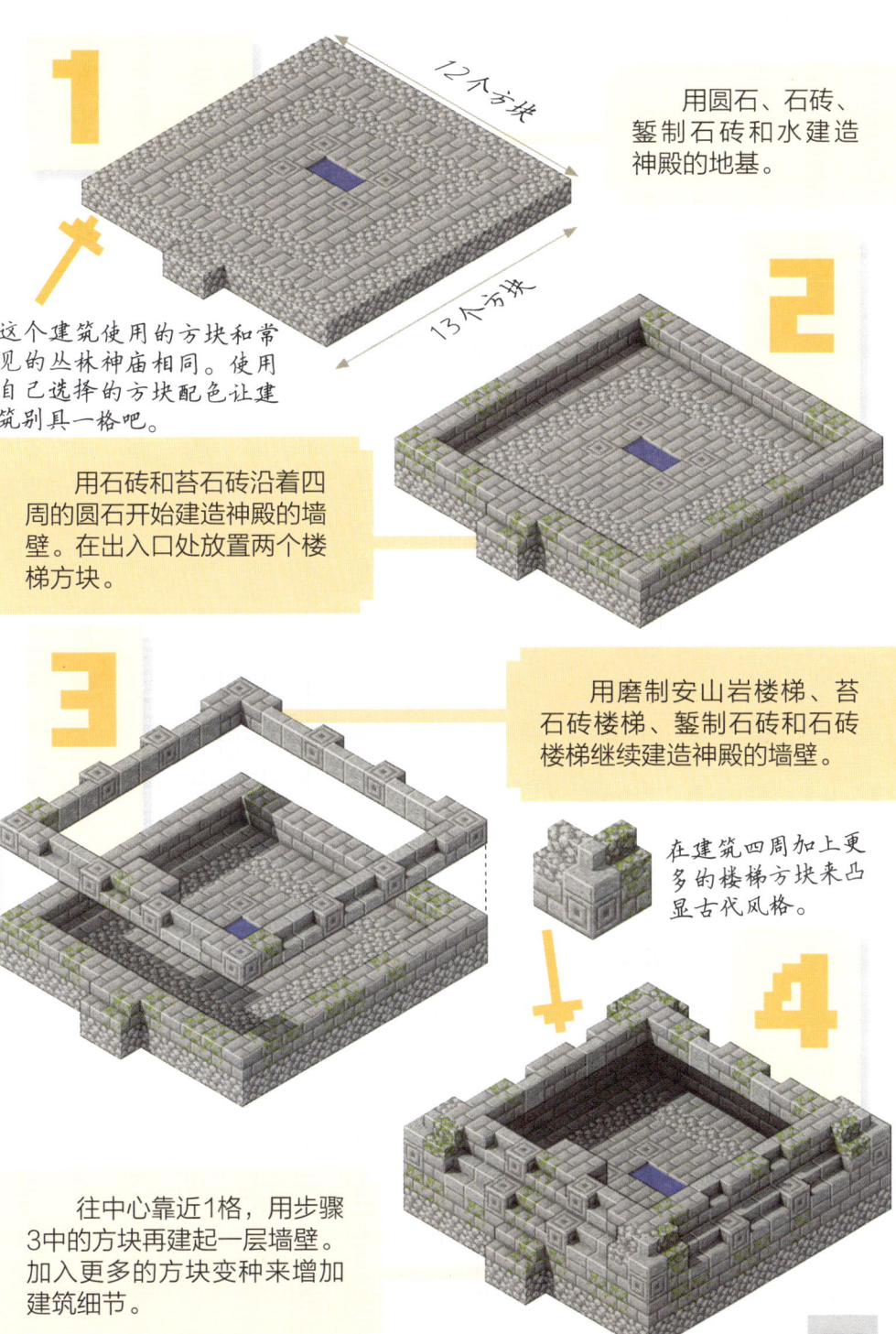

5

再往中心靠近1格,用同样的方式加上一层方块。

6

继续往中心靠近1格,再加上一层方块。

7

建造最后一层方块,在中心留下一个小空隙。这个空隙会在步骤9中作为连接藤蔓的出入口。

8

用錾制石砖、圆石墙、苔石砖楼梯和磨制安山岩台阶搭建神殿的顶部。在这个建筑结构的三侧放置丛林木栅栏门。

9

用营火点亮神殿,然后用藤蔓和丛林树叶点缀它。在神殿顶部的空隙中的每个面上放置藤蔓,等待它们生长到底部的水面位置。

放置木桶,然后在里面装上给发现神殿的冒险者的惊喜。

可以通过上下攀爬藤蔓出入神殿!

内部图

超级滑梯

各就各位,准备,开始!从箱子里拿出一艘船,把它放在冰面上,然后跳上去,开始划船,看看谁的速度最快吧。最后到达终点的玩家要把所有的船收回箱子里。这个建筑利用了不同方块的效果,创造出一个有趣的娱乐项目。

难度:
★☆☆☆☆
⏱ 15 分钟

建造技巧

不同材料的方块会减慢或加快船的速度。可以改变方块的种类让建筑具有独特的风格。你可以试着使用细雪。

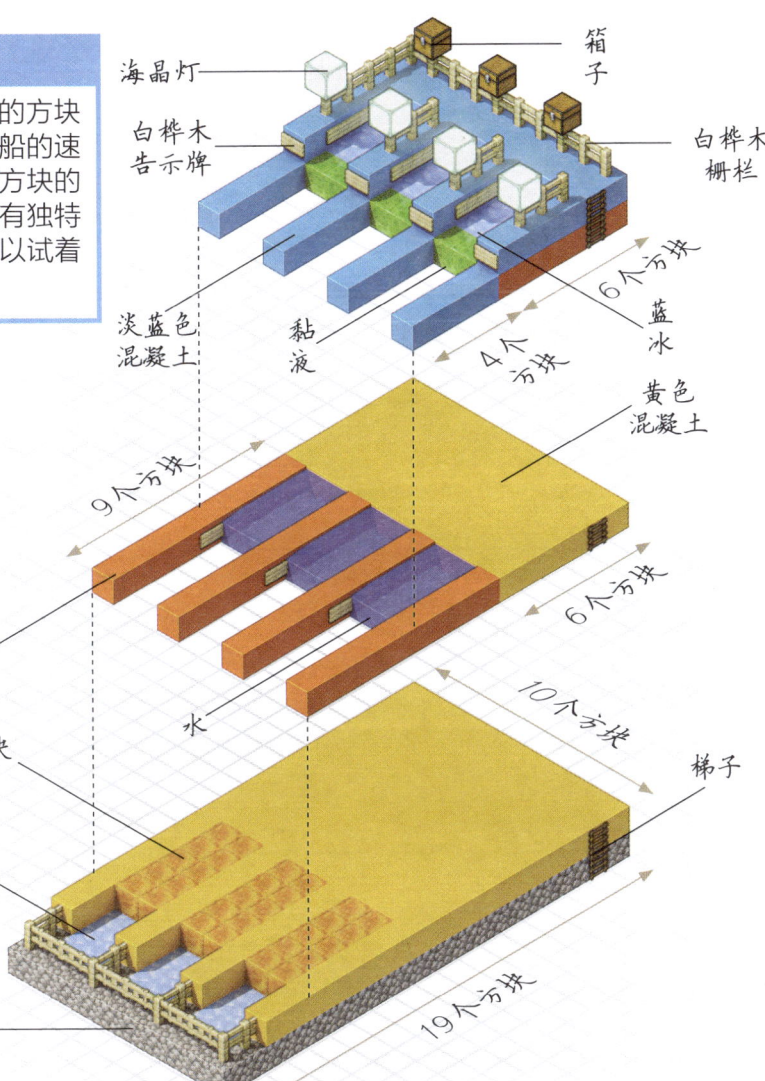

更长、更高

你想做出一个超棒的滑梯吗？可以试着把你的滑梯做得更长。加的方块越多，游玩时间就越长。你甚至可以加上更多层方块，给那些勇于尝试的朋友做出一个更高的滑梯。

演唱会舞台

举办一场大型演唱会吧——唱着悦耳的歌曲,展现优美的舞姿,尽情弹奏自己的新吉他,用酷炫的架子鼓敲出节拍……赶快打造一个令人难忘的演唱会舞台吧!

难度:
★★★☆☆
45 分钟

1

用圆石、金块和草方块建造演唱会舞台的地基。

14个方块
11个方块

2

在前方第一行的圆石上摆放铁栏杆，形成一道屏障，然后用灰色混凝土和铁块开始建造演唱会舞台的底部。用灰色混凝土粉末填充地面。

3

用铁块搭建演唱会舞台侧面和后面的墙壁。

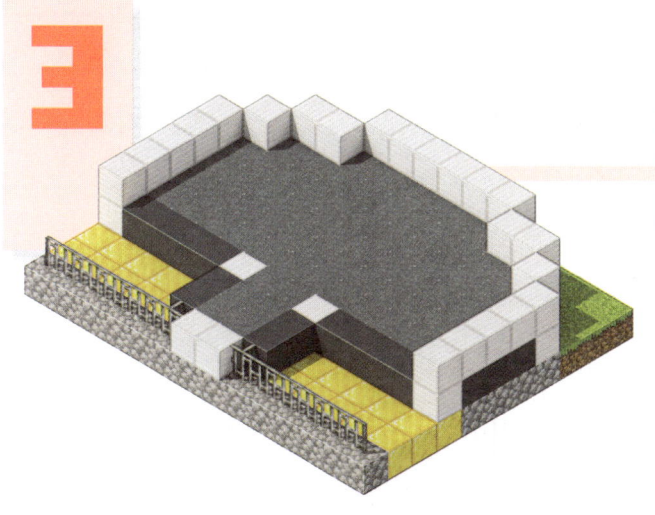

4

用白色混凝土和灰色混凝土建造两层后面和侧面的墙壁。

5

为后侧和侧面的墙壁再加上一层方块。参考图示,绕过拐角,在前面使用铁块,在侧面和后面使用灰色混凝土和白色混凝土。

6

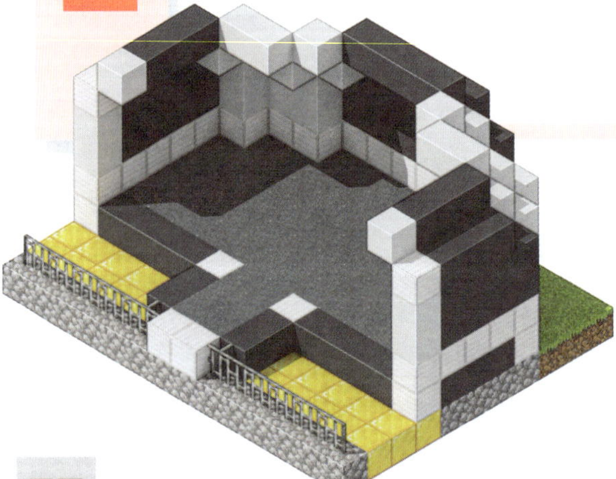

用白色混凝土和灰色混凝土再往上建造一层,注意,顶部向内收1格。

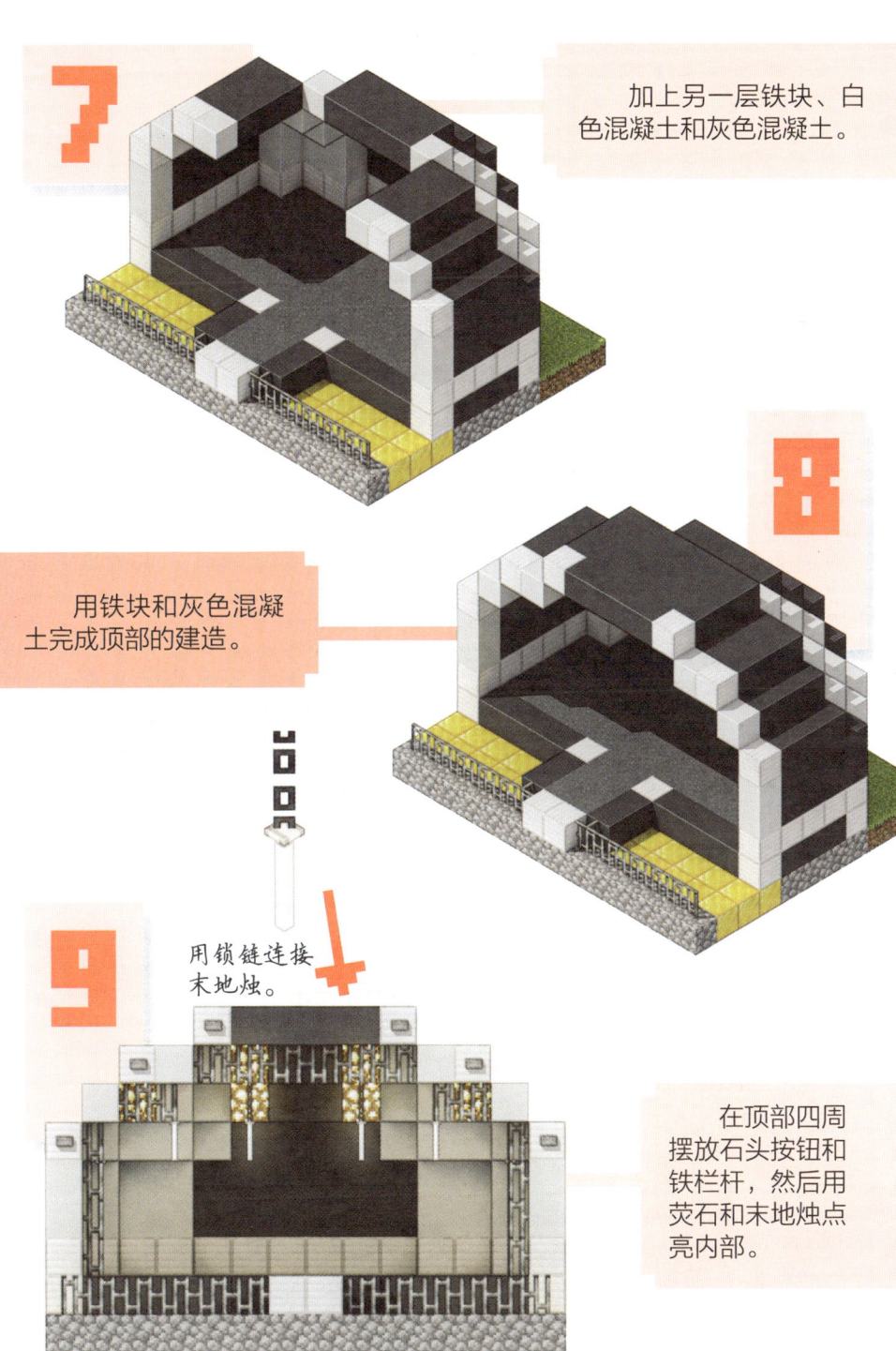

10

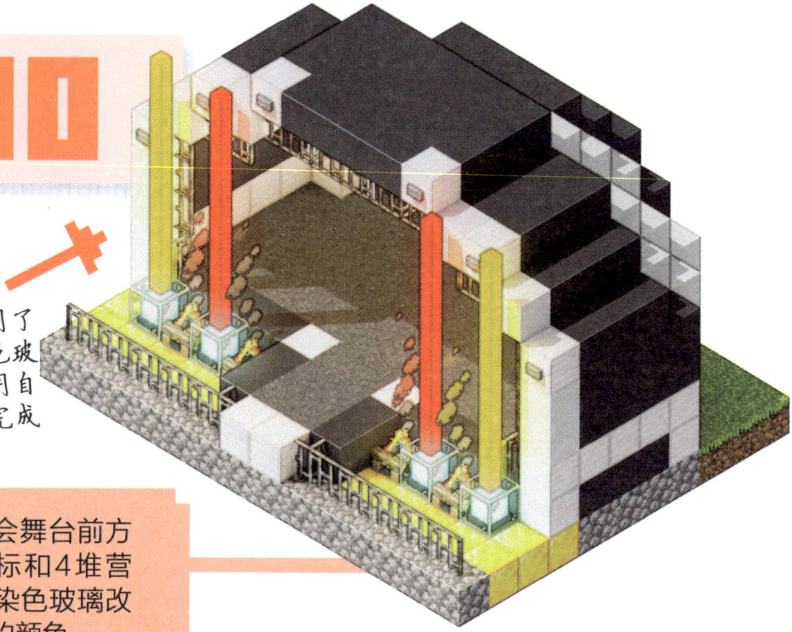

这里的建筑使用了红色和黄色染色玻璃，你也可以用自己喜欢的颜色完成建筑。

在演唱会舞台前方放置4个信标和4堆营火。然后用染色玻璃改变信标光柱的颜色。

11

最后，用音符盒和各种乐器装点你的演唱会舞台。阅读下一页可以了解如何为你的乐队准备独特的乐器。

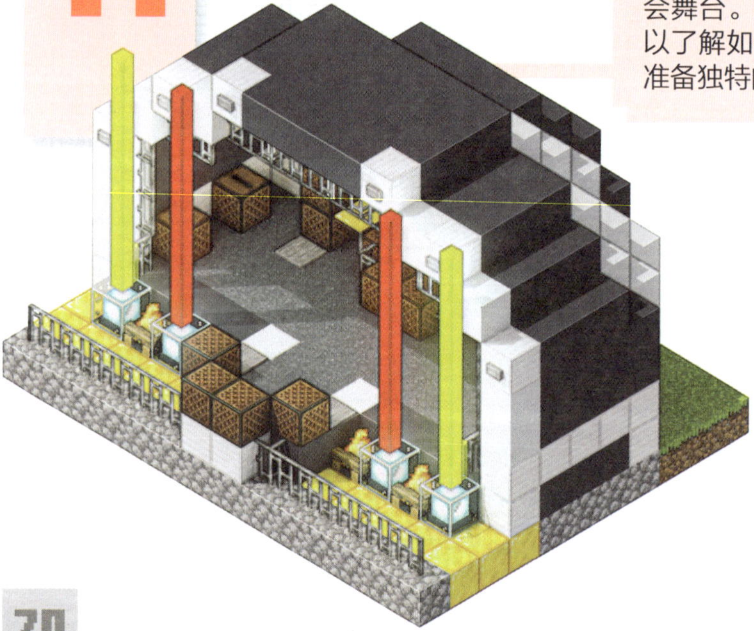

乐器

现在，演唱会舞台建好了，该让乐队发出一些动静了。看看下面的这些乐器吧。

贝斯声　　低音鼓声　　管钟声

长笛声　　吉他声　　木琴声

班卓琴声　　迪吉里杜管声　　竖琴/钢琴声

从上面的图片中选择一种乐器声，然后在音符盒下面放置它所对应的方块。当压力板被踩下时，相应的声音就会被演奏出来。

羊毛方块会奏出与吉他声类似的声音。

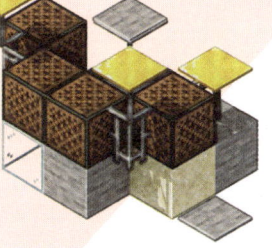

沙子和石头能奏出鼓点，而玻璃会奏出铙钹的声音。

铁块会奏出平缓的木琴声，而金块则会奏出铃铛声。

可以使用木质方块奏出贝斯的声音。

灯塔

浅滩是遭到暴雨侵袭的船只的噩梦。历史上,许多文明都建造了利用光照作为信号向船只进行预警的建筑。你也可以这么做!建造这个带有旋转红石灯的灯塔可以保证玩家的安全,让他们远离危险的水域。

难度:
★★★☆☆
⏱ 45 分钟

1

用圆石、石头和石砖建造出灯塔的地基。

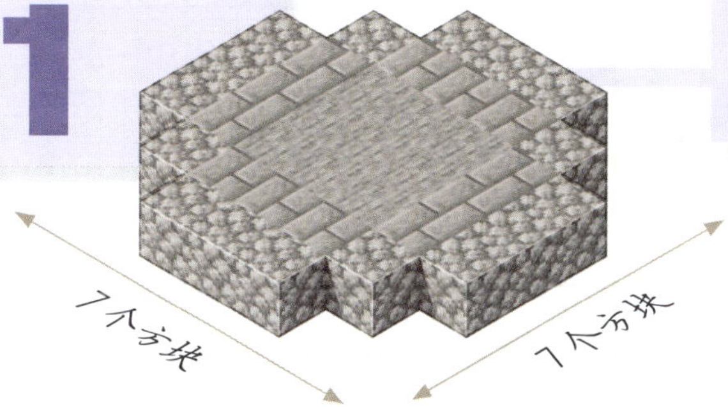

7个方块 7个方块

2

用石砖建造灯塔的墙壁，在其中一面墙上留出一个缺口。

你知道吗？你可以使用混凝土粉末来建造灯塔。建造好之后在上面倒水，粉末就会变成混凝土。

3

使用石砖、錾制石砖和红色混凝土继续建造灯塔，留出门的位置。

4

参考图示，为墙壁再加上4层高的红色混凝土。然后在门口处放置一扇深色橡木门。

5

向内侧移动1格，参考图示摆放一圈白色混凝土。

6

再放置5层高的白色混凝土，为窗口留出空间。在留空的地方放置玻璃板。

7

再向内侧移动1格，然后放置红色混凝土。

如果使用混凝土粉末建造，需要先在下方放置临时方块。这样可以防止出现混凝土粉末受重力影响掉落的现象。

8

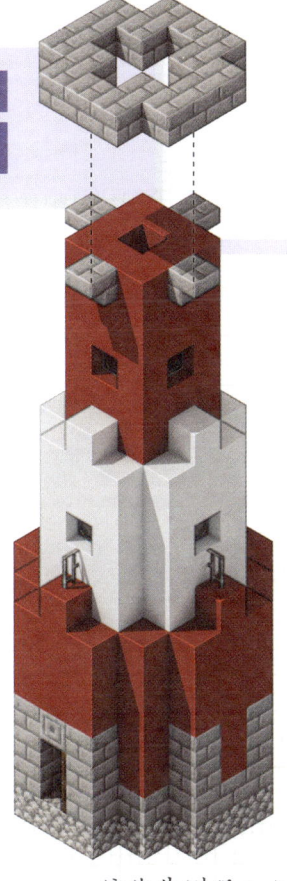

再向上添加5层高的红色混凝土，然后参考图示，在灯塔顶部放置石砖和石砖楼梯，再加上铁栏杆和玻璃板。

9

在建筑结构顶部放置石砖台阶和平滑石头台阶。

这些侦测器上方有箭头，可通过这些箭头来确认它们的朝向是否正确。

10

参考图示，放置一圈侦测器，用箭头作为参考。

11

在侦测器周围加上石砖和白色混凝土。

12

在侦测器正上方加上一层朝下的侦测器,然后在它们周围放置一圈白色混凝土。

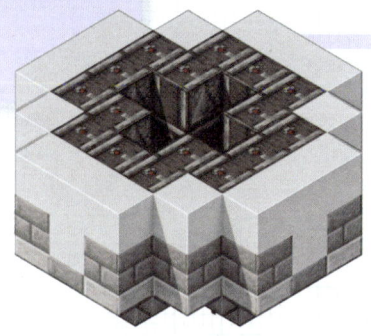

13

在侦测器上方加上两层红石灯,然后用玻璃方块围住它们。

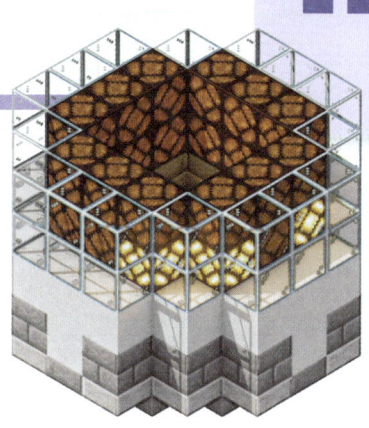

14

最后,用平滑石头台阶和石砖制作屋顶,完成灯塔的建造。

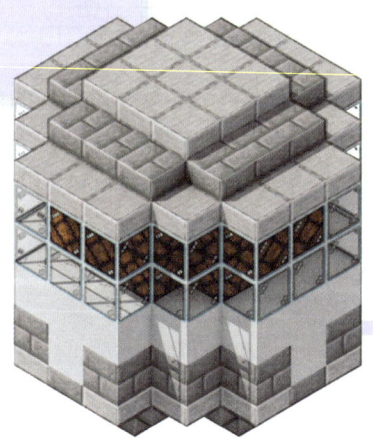

内部装饰

灯塔内部空间有限,所以要好好利用!建造一段通往侦测器的梯子,然后在底部放上一些生存必需的方块。

点燃营火来取暖,因为这里的海风非常刺骨。

制作一段螺旋形的楼梯连接到梯子的位置。如果出了什么问题,你得能到达侦测器那里才行!

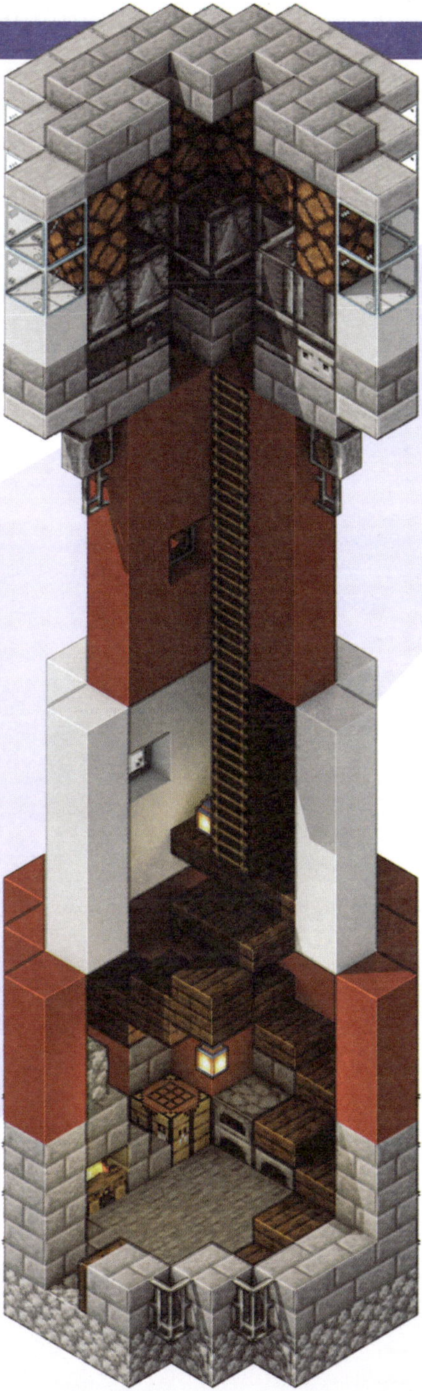

咯咯鸡舍

在《我的世界》中建造一座咯咯鸡舍吧!这个建筑会让你的宠物鸡享受安逸的生活。同时,漏斗会自动收集鸡蛋。有了那么多鸡蛋,你会用它们做什么呢?

难度:
★★☆☆☆
🕐 30 分钟

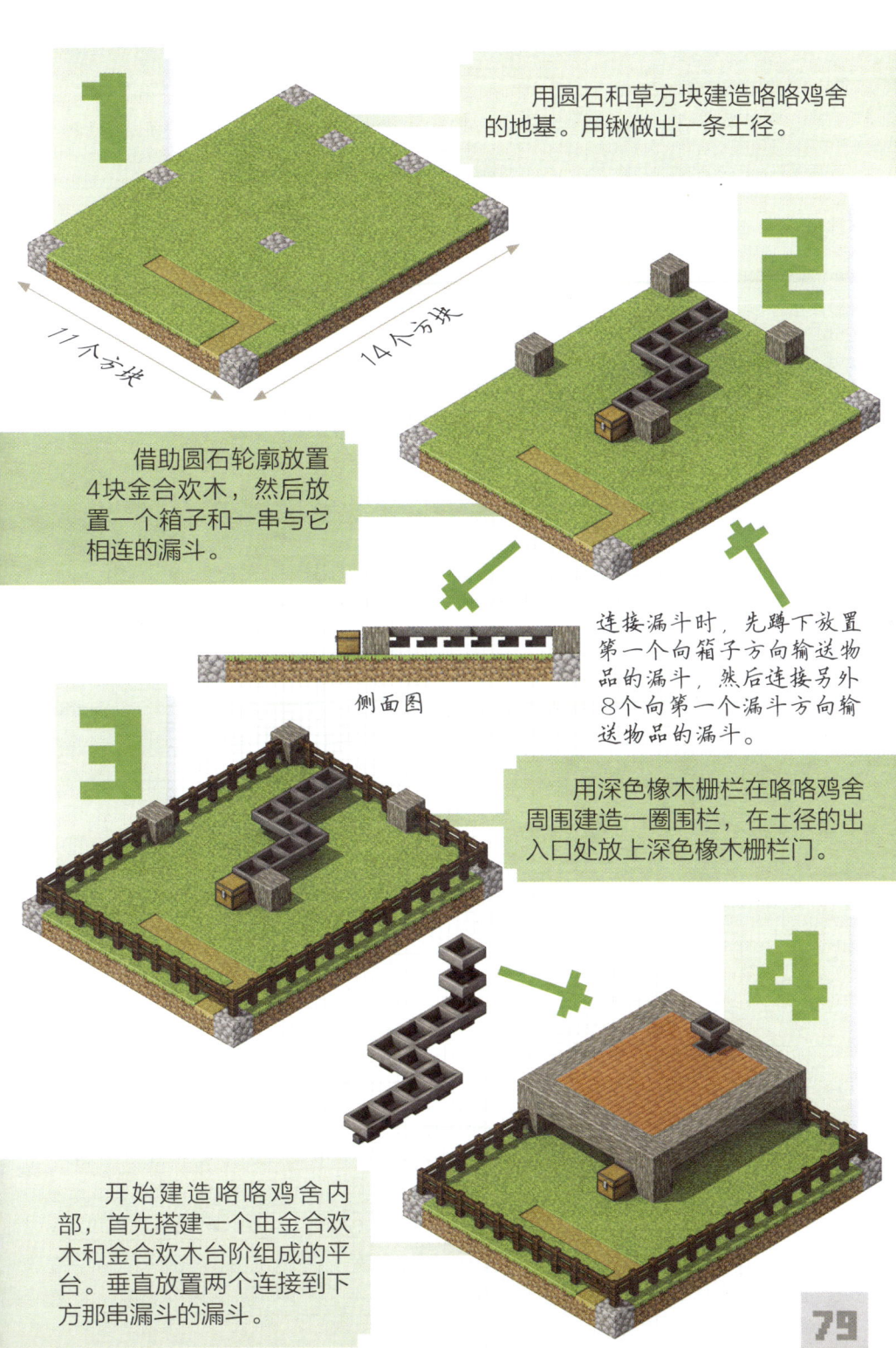

5

建造另外两串漏斗，连接到步骤4中的漏斗上。

侧面图

6

用金合欢木、去皮金合欢木和金合欢木活板门继续建造咯咯鸡舍的墙壁。在两侧留下空隙，然后放置金合欢木栅栏门作为出入口。

7

在每个漏斗上放置黄色地毯，然后在咯咯鸡舍里加上两块干草方块。

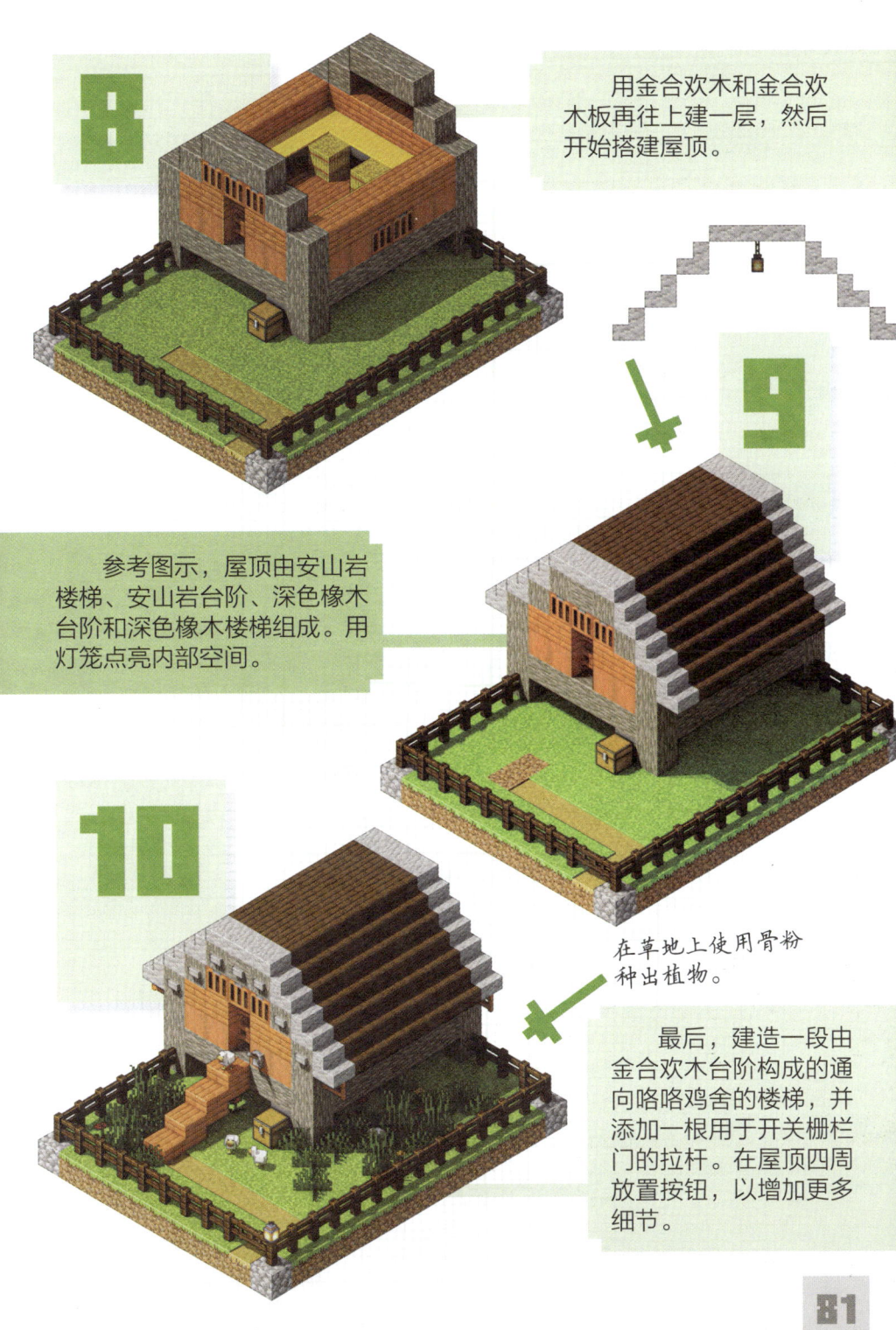

北欧长屋

在征服新世界时用这座长屋燃起你心中的北欧之魂吧。你知道吗？在中世纪，维京人就住在这种长屋中。这些屋子既满足了住宿需求，也能让维京人旅途归来后大摆筵席。

难度：
★★★☆☆
🕒 50 分钟

用圆石和白桦木板建造北欧长屋的地基。

用錾制石英块和云杉木板搭建北欧长屋的墙壁。

参考图示，用云杉木板和砂岩增高墙壁。

用淡灰色混凝土、石英楼梯和绿色染色玻璃板填充墙壁。

5

参考图示，用淡灰色混凝土、錾制石英块和石英楼梯丰富墙壁的结构。

6

用砂岩墙、橡木楼梯、白桦木栅栏和白桦木栅栏门为墙壁增加细节。

7

用錾制石英块、石英块和砂岩墙搭建两根柱子。在长屋周围的白桦木栅栏下面悬挂灵魂灯笼。

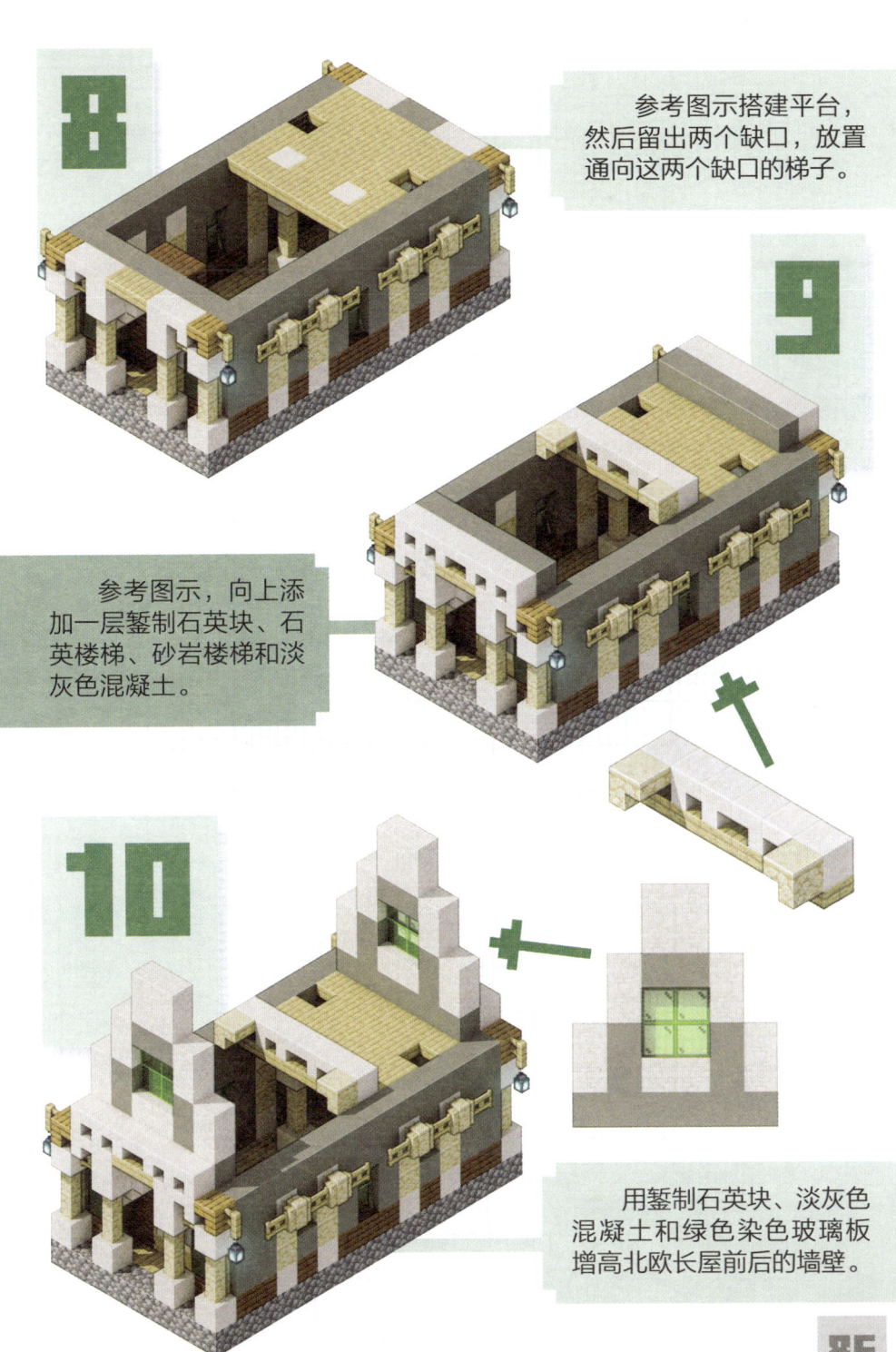

11

用白桦木板、白桦木楼梯、云杉木板和云杉木楼梯建造屋顶。

12

继续用相同的方块丰富屋顶结构。

13

在屋顶的另一端重复步骤11和步骤12。参考图示,用云杉木板、楼梯和栅栏,砂岩台阶、楼梯以及灵魂灯笼搭建出两个窗口。

14

最后,用砂岩楼梯封上屋顶。用旗帜、按钮和白桦木栅栏做最后的点缀。

内部装饰

让你的北欧长屋准备好迎接一场盛宴吧!从餐桌到双层床,这里有举办盛宴所需的很多东西。

在活塞下面放置红石火把形成桌面,然后加上绿色地毯和按钮。

用活板门制作双层床。

用海晶石楼梯制作一个宝座。

组合挑战

如果你都看到这儿了,那么恭喜你!你肯定是名副其实的搭建者。但是,你还没有做完呢!这本书里的指南包括了许多很有用的建造技巧,我们希望你能把技巧用到这个测试中。

下面列出一系列的组合挑战。我们希望你能用这本书里的指南和建造技巧把这些建筑组合起来。只要你觉得合适,怎么组合这些建筑都可以:你可以改变这些建筑的大小,可以选择搭建新的方块,或者改进设计方案。

1 独角兽雕塑+彩虹马舍

将建筑组合起来,制作出一个为神话生物准备的住所。

2 北欧长屋+海上拖船

在海上的拖船旁边建造北欧长屋。

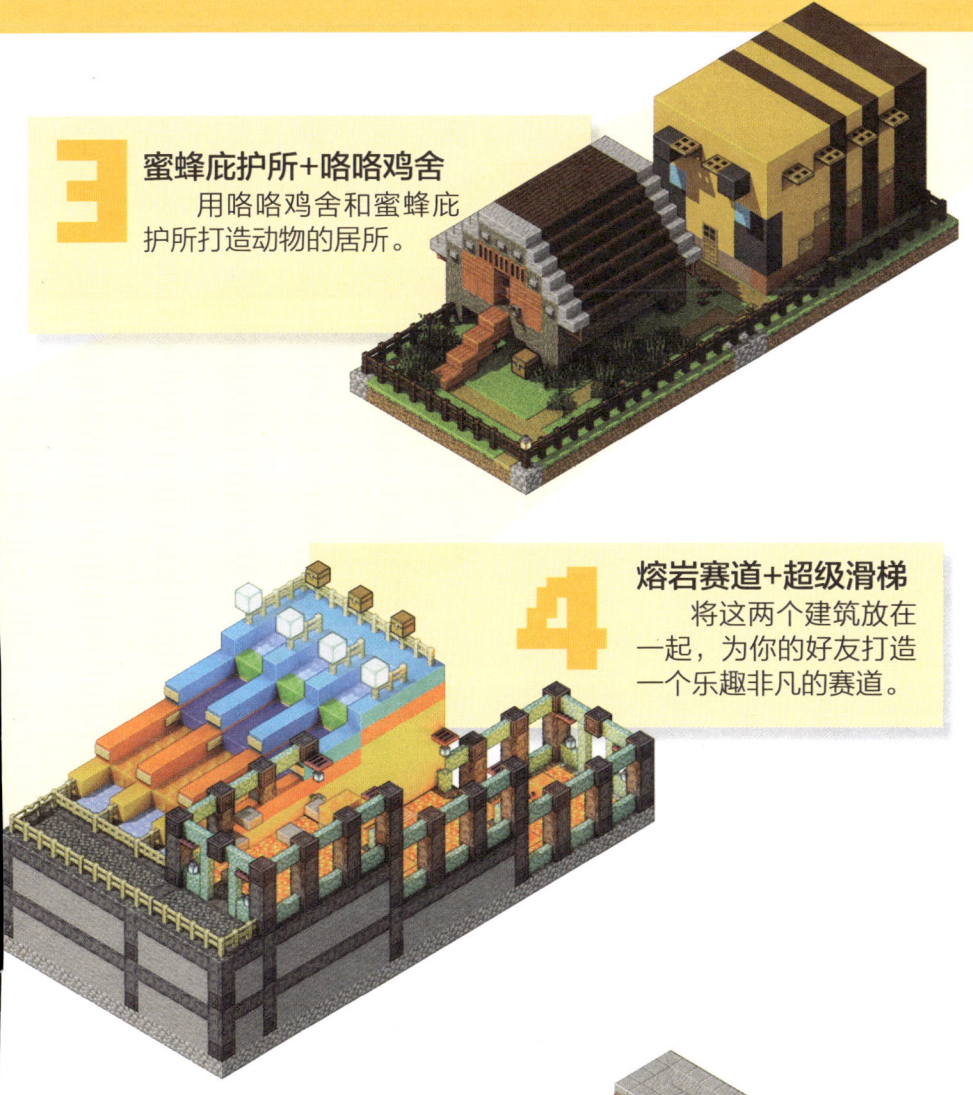

3 蜜蜂庇护所+咯咯鸡舍
　　用咯咯鸡舍和蜜蜂庇护所打造动物的居所。

4 熔岩赛道+超级滑梯
　　将这两个建筑放在一起，为你的好友打造一个乐趣非凡的赛道。

5 街边咖啡厅+市场小摊
　　用街边咖啡厅和市场小摊打造一条美食街。

结束语

　　这次就到这里了，我们一起携手，为我们最爱的宠物建造了居所，为我们自己打造了演唱会舞台，还开起了一家时尚的街边咖啡厅。

　　现在该轮到你发挥自己的想象力，让这些建筑为你所用了。这里的每个建筑都充满潜力，等待着你来创新。利用指南，发现那些可以让它们更好地满足你的需求、融入你的世界的方式。也许你需要展示更多的物品，或者那个新发现的充满怪物的山洞里需要一个更大的悬空小屋。

　　记住，在《我的世界》里，创造的方式没有对错。所有的点子都是好点子！这是你的游戏世界，你是这个世界的主人。在下次见面之前，请你继续制作、创造、发展吧！保持愉快的心情，不管前往何方，都一如既往地追随自己的想象力前行吧！